www.tredition.de

AF196874

Schriften aus dem Familienarchiv Andresen 2
Herausgegeben von Dirk Meier

Erster Lehrer und Organist Franz Andresen
(5.3.1856 – 8.3.1921)
im Kreis seiner Familie 1891 in Ulsnis an der Schlei
in Schleswig-Holstein

Franz Andresen

Ein Lehrer
der Kaiserzeit in Angeln

Herausgegeben von Dirk Meier

© 2019, Dr. habil. Dirk Meier
Herausgeber: Autor: Dirk Meier
                    Dirk Meier nach einem Manuskript von
                    Theodor Andresen
Umschlagfoto: Archiv Andresen
Email: Dr.Dirk.Meier@gmail.com

Verlag und Druck: tredition GmbH
                   Halenreie 40-44
                   2359 Hamburg
ISBN: 978-3-7497-2500-7 (Paperback)
                   978-3-7497-2501-4 (Hardcover)
                   978-3-7497-2502-1 (e-Book)

Bibliografische Information der Deutschen Nationalbibliothek: Die Deutsche Nationalbibliothek verzeichnet diese Publikation in der Deutschen Nationalbibliografie; detaillierte bibliografische Daten sind im Internet über http://dnb.d-nb.de abrufbar

INHALTSVERZEICHNIS

VORBEMERKUNGEN
von Dirk Meier

KINDHEIT IN ANGELN 1856 – 1873   13

LEHRERVORBILDUNG 1873 – 1875   22

LEHRERSEMINAR IN TONDERN
1875–1878   26

LEHRER IN MUNKBRARUP, BÖEL UND
SCHEGGEROTT 1878 – 1888   44

ERSTER LEHRER UND ORGANIST
IN ULSNIS 1888 – 1913   67

ERSTER WELTKRIEG UND LETZTE
LEBENSJAHRE IN FLENSBURG
1913 – 1921   157

EPILOGE   166

ANHANG
Orte der Ausbildungs- und Lehrerzeit
Franz Andresens bis 1913 von Dirk Meier   171

LITERATURVERZEICHNIS
Quellen aus dem Familienarchiv Andresen   181
Literatur   182

AUTOREN   183

VORBEMERKUNGEN

In diesem Buch, dass auf einer bereits 2010 edierten Fassung des Manuskriptes „Dem Gedächtnis meiner Eltern" meines Großvaters Theodor Andresen von 1935 beruht, habe ich von ihm gesammelte Fotos und selbst gezeichnete Federzeichnungen aus dem Archiv Andresen eingefügt und da, wo es notwendig schien, kurze Passagen aus seinen von mir gleichfalls edierten Büchern „Die Familie Andresen" und „Tage der Kindheit" ergänzt. Eingefügt ist ferner die Schrift von Franz Andresen „Erinnerungen an unsere heimgegangene, teure Tochter Catharine Andresen", die 1891 an Diphtherie starb.

Das Umschlagbild zeigt die Lehrerfamilie Andresen 1891 im Garten vor der Schule in Ulsnis. Das Familienarchiv habe ich seit dem Tod meiner Großtante Anna Andresen 1975 wieder zusammengetragen. Neben den digitalisierten Abschriften meines Großvaters enthält es auch die noch erhaltenen Urkunden, Briefe und den künstlerischen Nachlass.

Dirk Meier

Wenn ich diese Zeilen an einem Werk beginne, dass ich mir seit einem Jahr und Tag vorgenommen habe, so taucht unter manch anderen ein Gedanke besonders hervor, nämlich der, dass ich es als großes Glück bezeichnen muss, dass mir meine Eltern lange am Leben erhalten blieben.

Zwar, nun, da sie nicht mehr sind, sehe ich ein, dass ich mich Ihnen gegenüber hätte anders verhalten sollen. Aber eine solche Reue kommt zu spät und es bleibt mir nur die Möglichkeit, dieser Eltern in Liebe und Ehrfurcht zu gedenken und wo es nur angebracht ist, von ihrem Wesen und Wirken mit Dankbarkeit zu zeugen.

Leider gibt es ja unzählige Menschen, die, wenn sie erwachsen sind, über das Verhältnis zu ihren Eltern wenig nachsinnen – ja, die sogar undankbar genug sind, sich nicht im geringsten mehr um sie zu kümmern – ob diese Eltern nun unter den Lebenden weilen oder ob es gilt, das Fleckchen Erde zu pflegen, das ihre irdischen Reste birgt. Wenn ich dieser Undankbaren gedenke und eine Weile darüber Betrachtungen anstelle, wie solches nur möglich, scheint sich mir eine Tatsache herauszulösen, dass nämlich in den Familien, in den die Eltern eine gewisse Kinderschar zeugten, die Geschwister mehr am Elternhause hängen als es der Fall ist bei einer kleinen Kinderzahl. Gar oft macht man die Erfahrung, dass ein einziges Kind, welches zumeist verhätschelt wurde, später, wenn es flügge ist, sich kaum um Vater und Mutter kümmert, ja, darüber noch gewissenlos genug ist, seinen Eltern nichts als Kummer und Sorge zu bereiten.

Wir waren eine Kinderschar von 7 Köpfen, von denen allerdings zwei früh starben. Die längste Zeit der Familiengemeinschaft lebten unsere Eltern mit fünf Kindern, lange noch als diese schon ins Alter der Erwachsenen getreten waren. Das Eine darf ich getrost sagen, dass wir alle bis zum letzten Augenblick dem Elternhause hingen, dass jeder, wenn die Zeit der Ferien da war, mit Freude in die Heimat und das Haus der Eltern zurückkehrte, wie denn auch der Abschied uns jedes Mal das Herz schwer machte. Dass es so war, müssen wir als einen Verdienst unserer Eltern bezeichnen, denn durch die Art ihrer Erziehung legten sie in uns das große Gut, durch das wir immer wieder zu ihnen hingezogen wurden und welches über ihren Tod hinaus bis auf den heutigen Tag in uns erhalten geblieben ist – ja, welches sich, so ist es mein Wunsch, sich auf meine Kinder fortpflanzen möge.

Wenn ich nun an das Werk gehe, dem Gedächtnis meiner Eltern diese Lebensbilder zu schreiben, so bewegen mich manche Gründe dazu.

Zunächst einmal geschieht es – und dieser Grund ist der erste und tiefste – um meinen Eltern gegenüber eine Dankespflicht zu erfüllen für das Gute, was sie an mir taten. Sodann aber möge diese Arbeit in den Rahmen hineingefügt werden, der ein größeres Werk umfasst. Es handelt sich hier um den Ausbau und die Bereicherung eines Familienarchivs, dessen Zweck ich darin erblicke, all den unzähligen Einflüssen nachzugehen, die mich aus der Kette der Ahnen heraus machten, was ich bin.

In erster Linie sind es ja die Eltern, an die man in diesem Zusammenhange denkt. Alle ihre Eigenschaften, ihre Tugenden wie Schwächen sind zu einem wesentlichen Teil und in einer ganz besonderen Mischung auch in mir. Sie zu erkennen, bereichert mich innerlich, sie in Stunden des Alleinseins als Ganzes zu überschauen, lässt mich die Zügel fester fassen, wenn es gilt, nicht von seiner Lebensbahn abzuweichen, wenn es heißt: stärke deinen Charakter.

Wohl ist es wahr, ich werde in dieser Darstellung nicht objektiv sein können. Vielleicht mag das Bild „wahrer" sein können, wenn einer, der nicht meines Geschlechtes ist, der lediglich meine Eltern gekannt hat und sie vorurteilslos betrachtet, diese Darstellung übernähme. Dennoch wage ich, zu behaupten, dass ich mehr berufen sei, diese Arbeit anzupacken, denn was nützt uns alle Objektivität, wenn sie nur am Materialistischen haftet, wenn sie nicht ins Innere schaut. Durch das Blut meiner Eltern, das in mir rinnt, bin in Ihrer Wesensart teilhaftig, verstehe einzig und allein, was dieses ihr Wesen ausmacht, aus der Tiefe heraus zu begreifen und darum zu begründen und zu erklären.

Wir Menschen sind alle mit Untugenden, mit Schwächen allerlei Art – der eine mehr, der andere weniger – behaftet. Sie zu erkennen, zu beobachten, ist oft mehr von Wert als die Tugenden hervorzuheben, als mit marktschreierischen Worten vor die Masse hinzutreten und mit dem Brustton der Überzeugung zu bekennen: seht her, so bin ich, so waren meine Eltern – wir sind ein starkes, ein stolzes Geschlecht.

Der Himmel behüte mich vor solch selbstsüchtigem Gebaren. Mein Geschlecht ist wohl aller Ehren wert – in welche Ahnenreihe ich auch hineingreife. Aber ich sehe auch klar, dass in allen Gliedern dieser Reihen das Menschliche, ja das allzu Menschliche spukt. Ich stehe vorläufig am Ende der Kette, schaue und forsche und finde, was ich will. Ja, auch darum schreibe ich dieses Werk, um das zu finden, was _ich_ will und wozu nur ich allein befähigt bin. Kein Mensch wird so wie ich das Bild der Eltern in sich tragen.

Bei alledem, ich will mich bemühen, die Wahrheit zu sagen, – aber auch die Wahrheit bleibt an mir gekettet. Ich zeichne das Bild eines Menschen, zeichne die Konturen, die Form, das Kolorit, die Umgebung – und doch leuchtet uns allen mein Spiegelbild.

So will ich's beginnen.

Theodor Franz Andresen
Flensburg 1935

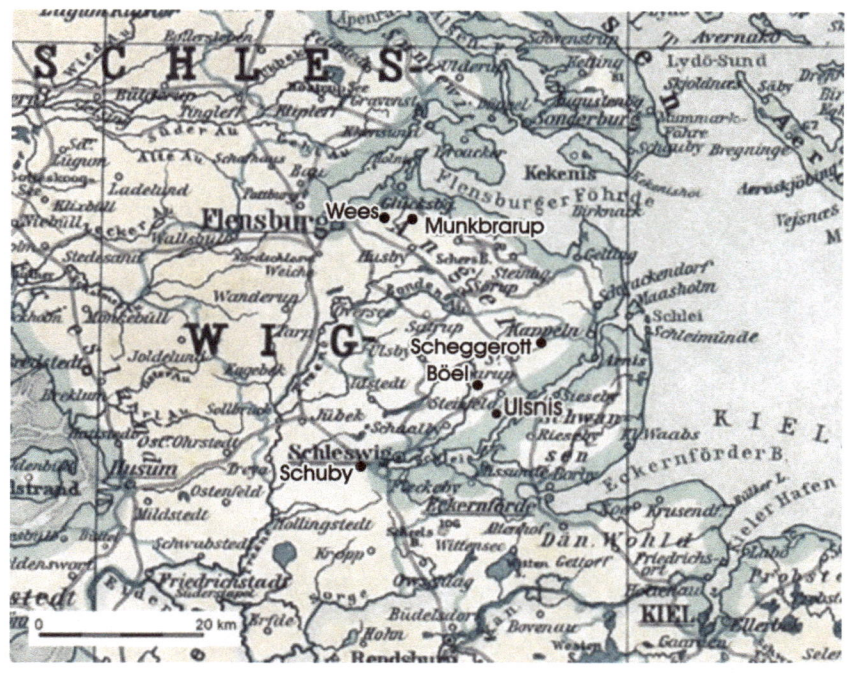

*Ausschnitt der Karte der preußischen Provinz Schleswig-Holstein
von 1905 mit Lage von Ulsnis in Angeln*

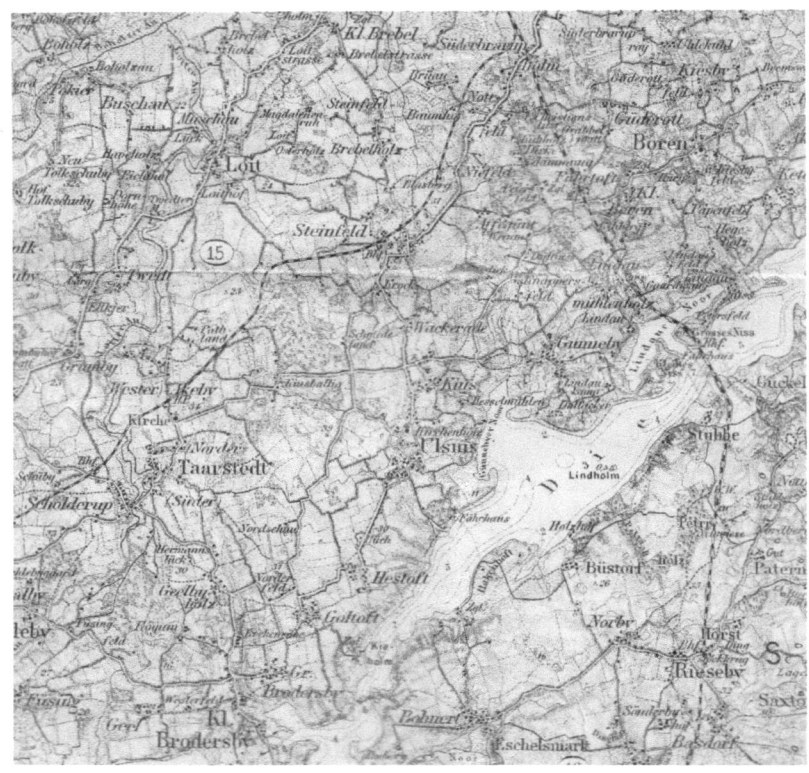

Lage von Ulsnis auf der Reichskarte Umgebung von Schleswig

KINDHEIT IN ANGELN 1856–1873

Am 8. März 1856 ist mein Vater geboren. Sein Vorname war Franz. Er erbte ihn von seinem Vater Franz Christian und auch ich habe ihn in meinen Namen mit übernommen.

Der Geburtsort ist das kleine Dorf Wees zwischen Flensburg und Glücksburg, das damals noch zum dänischen Gesamtstaat gehörte. Erst nach dem Deutsch-Dänischen Krieg 1864 erfolgte die Eingliederung in den preußischen Staat. Der Vater Franz Christian war Bauer, das Geschlecht alt eingesessen. Nach meinen Nachforschungen gehörte den Andresens 117 Jahre die gleichen Hufe, die im Jahr 1878 durch die unbedachte Handlung des ältesten Bruders meines Vaters, mit Namen Jens Peter, in andere Hände überging.

Von seinen Eltern, dem Hufner Franz-Christian Andresen und seiner Frau Anna Catharine, geb. Simonsen, hat mein Vater eine ausführliche Darstellung hinterlassen.[1] Aus ihr wie auch aus anderen Schriften meines Vaters geht hervor, dass er die Absicht hatte, diese Darstellung als Einleitung zu einer größeren Arbeit, welche sein ganzes Leben umfassen sollte, zu betrachten. Er ist über diese Einleitung, abgesehen von einigen Schilderungen, sein Heimatdorf und einige originelle Persönlichkeiten betreffend, nicht herausgekommen. Sorge, Krankheit und Schmerz und schließlich der Tod rissen ihm die Feder aus der Hand.

Und als wir ihn begraben hatten, als es daran ging, seine Hinterlassenschaften durchzusehen, fand ich diese Schriften. Ich las

---

[1] Diese hat Theodor Andresen in „Die Familie Andresen" wiedergegeben. Vgl. auch: Theodor Andresen u. Dirk Meier, Aus der Geschichte eines Bauernhofes in Wees von 1759 bis 1875, 127-135.

sie und obwohl sie von geringem Umfange sind, so überkam mich doch beim Lesen ein gesteigertes Gefühl.

Links: Fritz, rechts: Franz Andresen mit ihrer Mutter Anna Catharine, geb. Simonsen. Foto: Archiv Andresen

Ich sah mit einem Mal, wie die Eigenschaften des Großvaters, der Großmutter von so charakteristischer Art waren, dass ich sie in meinem Vater wiederzufinden glaubte, und der Keim war gelegt, zu allen Nachforschungen, Sammlungen, Aufzeichnungen jedweder Art, die seither mein Familienarchiv mehr und mehr vervollständigen.

Die Hufe in Wees — erbaut 1855

Die Hufe in Wees. Federzeichnung von Theodor Andresen,
Archiv Andresen

Wie oft komme ich noch heute die Weeser Dorfstraße entlang. Immer, wenn es geschieht, schaue ich mit einem sonderlichen Gefühl auf jene Hofanlage, auf welcher meine Väter saßen.[2] Wie soll ich dieses Gefühl bezeichnen: es ist eine Mischung aus Stolz und Wehmut, gehoben und gedämpft zugleich durch das Erlebnis aus meinen Kindheitstagen, damals, bei unserer alten Großmutter und der unverheirateten Tante Marie aus- und eingingen. Über dreißig Jahre sind seither verstrichen.

---

[2] Die 1855 von Franz-Christian Andresen, Vater von Franz Andresen, errichteten Hofgebäude, stehen nicht mehr. Der neue Besitzer der Hufe erbaute im frühen 20. Jahrhundert einen Hof im Stil der Zeit. Heute befinden sich keine Bauernhöfe mehr im Weeser Ortskern, das Gelände der alten Toft ist mit Neubauten bebaut. Theodor Andresen u. Dirk Meier 2016, 127–131.

Aber ich sehe sie noch im Geiste vor mir, die Alte, wie sie an ihrem Lieblingsplatze dort am Fenster saß, wie ihr Spinnrad schnurrte, wie der völlige Faden selbst gehechelter Wolle durch ihre knöchrige, adrige und zitternde Hand so sicher, so weich hindurchglitt, sehe die gute alte Vierkantuhr mit dem geschäftigen Perpendikel hin und her, her und hin ticken, sehe den weißgescheuerten Bretterfußboden, der mit sauberen Sand bestreut, sehe die geschäftige, hagere Hand Tante Marie mit ihren blutrot geaderten Wangen, wie sie dieses kleine Hauswesen leitet, mit Freuden uns kleinen lebhaften Menschen, die vielleicht ebenso in die Stube dringen wie die Frau Sonne und die kurze Zeit unseres Besuches so vergnügt wie nur möglich zu machen.

Anna Catharina Andresen, geb. Simonsen, im hohen Alter mit dem Spinnrad. Foto: Archiv Andresen

So entsinne ich die Mutter unseres Vaters zu einer Zeit als sie an der Neige ihres Lebens stand, als mein Vater mit uns Kindern in ihr Haus trat. Ja, die Eindrücke jener Tage sind stark geblieben.

Die Erinnerung sagt mir, dass unser Vater mit Liebe und Hingebung an seiner betagten Mutter hing. Ich gedenke nur eines kleinen Vorganges. Wie oft saß er nicht vor ihr auf einem Stuhl, vor sich an den Händen seinen geliebten Fritz Reuter haltend, um mit einem natürlichen Vortrag die ewig schönen Geschichten von Onkel Bräsig, von Linning und Minning, von „De Wett" und wer weiß welche Döntjes sonst noch vorzulesen. Ja, ich sehe dieses Bild deutlich vor mir, wie in solchen Augenblicken die Alte am Spinnrad innehalten konnte, ihre Hände in den Schoß legte, ihre Blicke wie in die Ferne verträumend zum Fenster richtend – ganz hingegeben, ganz miterlebend die Erzählungen vom Alltag von jenem Alltag, der auch ihr langes Leben von der Wiege her ausfüllte.

Von der Kindheit meines Vaters weiß ich nur wenig. Wie bedaure ich, dass er nicht so weit gekommen, die geplante schriftliche Darstellung zu hinterlassen. Dennoch ist meine Phantasie rege genug, mir diese Kindheit einigermaßen zu rekonstruieren. Ich selbst bin auf dem Dorfe aufgewachsen, habe auch manche Wochen in der Ferienzeit auf jenem Weeser Bauernhofe zugebracht. Manchmal hat ja auch mein Vater von seiner Kindheit erzählt. Was mir davon im Gedächtnis, möge mithelfen, ein kleines Bild von seiner Kindheit zu entwerfen.

1856 ist das Geburtsjahr des Vaters. Er ist das fünfte Kind der Eltern. Vor ihm sind zwei Brüder und zwei Schwestern. Es folgen noch zwei Brüder. 1880 wird das letzte Kind Fritz geboren. 1865 stirbt der Vater, wie mein Vater schreibt, an Überanstrengung, weil das Kriegsjahr 1864 durch Einziehung eines Knechtes seine Arbeitskraft zu sehr in Anspruch nimmt. Mit 7 Kindern im Alter von 5 bis 17 Jahren steht die Mutter da. Im Alter von 45 Jahren übernimmt die Mutter die Leitung des Hofes, den der Mann dank seiner unermüdlichen Arbeit in gutem Zustande hinterlassen. Sicherlich wird die Nachbarschaft so gut es ging sie unterstützt haben. Der Verstorbene genoss ja ein starkes Ansehen in der Gemeinde. Dennoch – ein schweres Erbe war anzupacken. Die ersten Kinder waren schon in den Jahren, dass sie kräftig mithelfen konnten. Die Mutter hielt sie – wohl oft mit harter Hand – dazu an. Mein Vater stand damals im 9. Lebensjahre. Das ist ein Alter, welches in gar vielen Fällen, mehr Freiheit genießt als Arbeit gewohnt ist. Nach den Erzählungen meines Vaters muss er aber auch schon die meiste Freizeit mit in Haus, Hof und Feld tätig sein. Er liest die Steine auf dem Acker, tränkt die Kühe, füttert in der Erntezeit die Pferde – kurz, die vielseitige Arbeit der Landwirtschaft lässt immer irgendwie eine leichtere Arbeit für den neunjährigen Knaben offen. Und doch, es dient alles nur zum Guten. Wie weit ist eine solche Arbeit entfernt von irgendwelchem menschenunwürdigem Sklavendienst, wie ist das alles im Gegensatz dazu hineingefügt in die Gemeinschaft der Familie, der dörflichen Gemeinschaft, wie ist das alles selbstverständlich. Welche erzieherische Kraft liegt für ein Kind darin, schon im frühen Alter in solch bäuerlichem Wesen tätig zu sein. Wenn ein Kind auch oft mit Unlust an die Arbeit, an die befohlene gehen mag, es trägt diese Arbeit die Gewähr in sich, dass sie mit allem Drum und Dran dereinst den Erwachsenen von ihrer Notwendigkeit innerhalb der Familie überzeugt und darum ihren unerschütterlichen Wert begründet.

Das ist bei einer solchen Kindheit immer wieder das Wesentliche, dass sie ganz naturgebunden ist, nichts Übergezüchtetes, nichts Ungesundes daran haftet – und vor allen Dingen, dass sie nur familiengebunden ist. Alles geht aus diesen Kindheitserlebnissen hervor, ist umso stärker, je mehr diese Familie völlig aus sich selbst schafft. Was nützt alles Nachbarliche, alles Gemeindliche, alles Staatliche, wenn es nicht in erster Linie aus der Keim- und Kernzelle dieser Familie erwachsen ist. Jeder Staat muss zugrunde gehen, der diese Autorität der Familie nicht respektiert, er muss es umso mehr, je frecher er sich anmaßt, in den Kern der Familie hineinzugreifen.

Mein Vater hat oft davon erzählt, dass er seinen Vater noch dunkel in Erinnerung habe. Aber nach allem zu schließen, müssen diese Erinnerungen nicht reichhaltig gewesen sein. Und doch, was sie enthalten, deutet darauf hin, dass dieser Vater, als mein Großvater eine markante Persönlichkeit gewesen sein muss. Die Eindrücke meines Vaters besagen es.

In der Mitte des zweiten Jahrzehnts eines Menschenlebens fallen wichtige Entscheidungen. Erzieherisch, schulmäßig, kirchlich gesprochen, ist es das Alter des Flüggewerdens, der Schulentlassung, der Konfirmation. Dieses Alter fällt selbstverständlich zusammen mit einem heftigen Entwicklungsalter. Der Junge reift zum Jüngling. Es ist ohne Zweifel das wichtigste Alter im menschlichen Leben – denn der Mensch tritt aus der familiären Gemeinschaft hinaus in die Fremde.

In dem Jungen schlummern die Fähigkeiten des Vaters. Hammer und Nagel, Hobel und Säge, sind ihm geliebtes Handwerkszeug. Die „Klüterkammer", dort in einem Ende des Hauses, ist ihm eine Schatzkammer, besonders, wenn es draußen stürmt und regnet. Die Phantasie gestaltet, die Beobachtung in Haus und Hof sagt ihm, wo etwas fehlt. Eines Tages bemerkt er, dass der Wind am Ostende des Hauses einen der Starkästen niedergerissen. Er ist, morsch in allen Teilen, völlig auseinandergefallen. Ein neuer muss an den Platz, und schon geht es eilig ans Klütern. Zwar, zuerst will es nicht recht glücken. Das Holz spaltet, als er das Flugloch ausarbeitet. Doch schließlich ist das Werk glücklich beendet.

Wie groß ist die Freude, als er bemerkt, dass das Häuschen schon nach kurzer Zeit wieder die gefiederten Mieter birgt. Wie sorglos lustig sitzt dort der Vater Star vor den Türen seines Hauses, schmatzt und schnalzt und flötet in allen Tönen. Drüben hinter dem Eschenbaum steht der Junge und schaut sich das lange an. Dann kommt er in die Küche. Als die Mutter ihn gewahr wird, ruft sie ihn zu sich: „Franz, kiek mol hier an de Tellerriech is'n List losgahn, kannst du das nich wedder anklütern?" Ja, das kann er. Nach kurzer Zeit ist alles wieder in Ordnung. Eine größere Belohnung als ein freundliches Dankeschön gibt es nicht. Aber der Stolz, etwas Nützliches geleistet zu haben, ist ihm Belohnung genug. Das spornt überdies zu weiterem Eifer.

Die Jahre kommen und gehen. Der Knabe wächst. Nun ist der Zeitpunkt da, das man handeln muss. Was soll der Junge werden?

Der Hang zum Klütern deutet darauf hin, dass der Junge handwerkliche Fähigkeiten hat. Die Mutter hat darüber wiederholt mit dem Tischler im benachbarten Dorfe gesprochen. Sie ist entschlossen, ihn in die Tischlerlehre zu schicken, wenn auch der Lehrer immer wieder zu überreden versucht, der Junge müsse Lehrer werden, er habe das Zeug dazu, er wäre aufgeweckt, könne leicht das Gelehrte auffassen, sein ganzes Wesen wäre danach geartet. Ein Bauersohn Lehrer werden? Nein, das ist der Mutter nicht nach dem Sinn. Er soll in der Dorfgemeinschaft bleiben und nicht über ihr stehen.

Und so geschieht es. Eine Zeit lang geht es gut. Dann erlahmt die Lust. Der Jüngling fühlt sich wohl selbst zu etwas höherem geboren. Hier geht es von morgen bis abends nach einem festen Plan. Immer wieder dasselbe: Handlangerdienste, tagelang nur hobeln, und er glaubte doch, darin schon genug gelernt zu haben. Der Meister ist mürrisch und strenge, die Lust erlahmt.

Eines Tages begegnet ihm auf dem Nachhauseweg der Lehrer. Der fragt, wie es ihm gefalle. Der Junge sagt weder gut noch schlecht, er gibt eine ausweichende Antwort, wird verlegen. Der Lehrer merkt, wie es um ihn bestellt. Er geht kurzentschlossen zur Mutter. Und dieses Mal siegt er.

Der Junge soll nun in den Beruf, zudem er sich berufen fühlt. Ihm schlägt das Herz, als die Mutter ihn fragt, ob er noch darauf besteht. Er ist dem Weinen nahe. Er schämt sich seiner Erregung, geht hinaus, läuft hinters Haus, kommt in den Apfelhof, auf die Straße, wieder hinein auf den Hofplatz und eilt schließlich in sein Heiligtum, in die Klüterkammer. Dort hält er eine Weile inne. Als er wieder zu sich gekommen ist, sieht er, wie alles Gerät bunt durcheinander liegt. Die jüngeren Brüder haben hier gehaust. Da beginnt er, Ordnung zu schaffen, fegt mit der Hand die Hobelspäne vom Tisch, greift zum Handfeger, dass das Holzmehl fliegt, legt Hobel, Kneifzange, Winkelmaß alles auf seinen Platz, steckt die Stecheisen, die Meißel, die Bohrer fein säuberlich in die Reihe, wie es sich gehört, in die Löcher der Borde, klappt die Säge zurück – denn auch das hatte natürlich der letzte, der sie benutzte, vergessen, ordnet die Nagelschieblade, greift zum Besen, säubert die Diele – und nimmt schließlich, nachdem er sein Werk beschaut, für immer Abschied. Für immer? Nein, er wird ja noch oft zurückkehren ins Heimathaus – und er gelobt sich, seine geliebte Klüterkammer nicht zu vergessen.

LEHRERVORBILDUNG 1873–1875

In jener Zeit gibt es noch keine Präparandenanstalten zur Ausbildung angehender Lehrer. Man gibt den Kandidaten zunächst auf einige Jahre einem amtierenden, erfahrenen Dorfschullehrer zur Hand. Der erzählte dem wissbegierigen Jüngling in rohen Zügen, wie man´s macht, um den Kindern etwas beizubringen. Die Wahl fällt auf einen befähigten weit im Lande bekannten Lehrer im Dorfe Struxdorf mitten in der heimatlichen Landschaft Angeln.

Als der Jüngling den Wagen besteigt – der älteste Bruder soll ihn, denn es gibt noch keine Eisenbahn, an den neuen Wirkungsort bringen – wird ihm ein wenig schwer ums Herz. Die Mutter steht am Wagen, fragt, ob er auch nicht dies oder das vergessen habe und als der Fiede anzieht, ruft sie noch hintendrein: „schick di nu und schriew ok mol."

Es ist eine liebliche Gegend, durch die sie fahren, immer durch das schöne Angelland mit seinen hügeligen Feldern, mit den langen dunklen Knicks, mit den Bauernwäldern dazwischen.

Wie wesentlich ist es für einen jungen Menschen, der zum ersten Male in seinem Leben auf längere Zeit vom Elternhause geht, dass die Umgebung, die Natur von gleicher Art ist wie zu Hause. Es bleibt ihm zunächst erspart, sich, was diese Umgebung betrifft, sich in Neues hineinzuleben. Wenn dann noch Menschen da sind, die in der Allgemeinheit vom gleichen Schlage sind wie in seinem Heimatdorfe und im Besonderen von einer freundlichen, Vertrauen einflößenden Art, kann in solchen bedeutungsvollen Augenblicken das Abstoßende einer Fremdartigkeit kaum Raum im Herzen des Jünglings gewinnen. Dennoch sind manche Eindrücke und Erlebnisse so neuartig, dass man sich schwer darin finden kann. Da steht der Jüngling vor der Klasse und muss nun wohl oder übel ans Werk. Ein bedrückendes, ein beängstigendes Gefühl überkommt ihm. Vor kurzer Zeit erst saß er unter Jenen, jetzt steht er vor ihnen und soll die Dinge erzählen, die so einfach sind, die aber, wenn man sie lehren soll, so unendlich schwer über die Zunge kommen. Dann dieser erste Augenblick einer Schar von Kindern vor sich: all die vielen Menschen, wie sie starren und zu sagen scheinen: Ja, nun sieh zu, wie du mit uns fertig wirst. Wir wollen alle etwas von dir wissen, jeder einzelne und wenn du den Wunsch nicht erfüllen kannst, dann können wir dich nicht gebrauchen. Der Schweiß perlt dem Jüngling von der Stirn, zumal wenn der Vorgesetzte daneben steht und ihn beobachtet, ihn kritisiert. Am meisten fühlt er die Härte der Kritik, wenn sie sich in Schweigen kundgibt. Er steckt wie in einer Zwangsjacke und zuweilen ist ihm als müsse er spornstreichs davonlaufen – wohin – nun nach Hause an die Hobelbank in die Klüterkammer.

Aber auch diese unglücklichen Stunden werden überstanden. Bald geht er mit Lust und Liebe, mit Eifer ans Werk. In seinem vorgesetzten Lehrer hat er einen väterlichen Freund gefunden. Meisterlich weiß er die Kunst des Lehrens zu demonstrieren, weiß die Gaben des Jünglings zu nutzen, um die Schaffensfreude zu wecken. Seiner Mutter schreibt der Sohn nach Hause, dass es gut ist, dass es ihm Freude bereitet, im neuen Beruf zu schaffen. Dann kommt ein Tag, da muss er auch von dieser Stätte wieder fort. Man beruft ihn nach dem Dorfe Schuby bei Schleswig, um hier den letzten Teil seiner Vorbereitungszeit zum Seminar zu vollenden. Auch dieser Abschied fällt schwer. Er hatte den Ort, die Menschen liebgewonnen.

Eine Weile darf er noch wieder im Elternhause verbringen – bis abermals die Stunde des Abschieds naht. Wieder bringt ihn der älteste Bruder fort, diesmal nach Flensburg zur Eisenbahn. Lange noch nachdem die Davonfahrenden die letzten Häuser des Dorfes sich haben, wendet sich der Scheidende von seinem erhöhten Sitz aus um. Er schaut den langgestreckten First des heimatlichen Dorfes, die Kronen der Bäume – jetzt noch im letzten Augenblick den Giebel der Scheune – und zuletzt, ja, ein kleiner Zug von Silberwolken steigt empor, kommt aus dem Schornstein der Küche – die Mutter steht am Herd und bereitet das Essen.

In Flensburg besteigt er die Eisenbahn. Es ist das erste Mal, dass er dieses neuartige Gefährt benutzt. Wie schwer findet er sich in die neuen Verhältnisse. Da sind zunächst das Dorf und die Natur. Die heimatlichen Dörfer kannte er nur in gelockerter Anlage, die Höfe lagen in gewissen Abständen, dazwischen Gärten oder die Toft, die Koppel beim Hause. Die liebliche, hügelige Landschaft hatte sich unbewusst tief in die Seele des Knaben geprägt, Hier ist nun alles ganz anders. Das Dorf selbst ein Haufe von dicht aneinander gerückten Häusern, die Straßen kreuz und quer, krumm und gerade. Die Menschen ganz anders als Wuchs wie an Wesen. Die Sprache obwohl niederdeutsch wie zu Hause in vielen Ausdrücken wie im Tonfall fremdartig. An all dieses muss er sich gewöhnen. Zum Glück hat er auch hier in seinem Lehrer einen väterlichen Freund gewonnen. Freundlich ist der Empfang, im Hause ist der Umgang so als wäre er der Sohn. Zum ersten Male empfindet der Jüngling tief, was es heißt, früh den Vater verloren zu haben. Wohl ist ihm das Bild seines Vaters noch deutlich in der Seele, wohl glaubt er noch dann und wann den Klang seiner Sprache zu vernehmen – dennoch es ist lange her als sie ihn heraustrugen; seither war es die Mutter, die ganz allein ihn und die Geschwister leitete. Nun ist es ihm, als rücke dieser Lehrherr in die Stelle seines Vaters – denn er fühlt, dass gerade jetzt die Jahre sind, in denen der Vater von unersetzlichem Wert, Er sieht seine Gestalt, hört sein Wort, aber das alles verschwimmt am Ende in Gestalt und Gesten seines neuen Lehrherrn.

Es ist ein glückliches, inhaltsreiches und lehrreiches Jahr, welches er hier in Schuby, diesem Dorfe mit seinem ausgeprägten

Geestcharakter hart am Rande der schönen Natur der „buckeligen Welt" verbringt. Oft nimmt ihn der väterliche Freund abends mit auf seinen Spaziergang, der sie ins Plöner Gehege führt. Ganz besonders an einer Stätte verweilt er gar zu gerne mit seinem Zögling, dort wo man einen prächtigen Rundblick genießt über die lieblich gelegene uralte Landeshauptstadt an der Schlei. Dieses väterlich-freundschaftliche einer von einer starken befruchteten Idealität geformten Persönlichkeit vermag es, dem Jüngling den Sinn einer im Dienst strengen zuchtvollen Haltung begreiflich zu machen. Zum ersten Male geht ihm groß und stark die Idealität seines Berufes auf. Das ihm angeborene Pflichtgefühl, der klare, gesunde Blick eines in dörflichen, naturgebundenen Verhältnissen aufgewachsenen Menschen bürgt dafür, dass die Aufgabe, die vor ihm liegt, ihren Meister findet. Der väterliche Freund und Lehrer spürt es. Sie wachsen zusammen und als die Stunde des Abschieds naht, scheiden zwei Menschen voneinander, die sich für ihr Leben liebgewonnen.

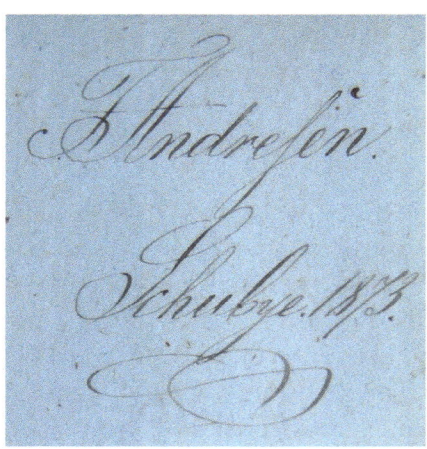

Unterschrift von Franz Andresen, Schubye 1873.
Foto: Archiv Andresen

LEHRERSEMINAR IN TONDERN 1875–1878

Franz Andresen um 1875 als Seminarist in Tondern.
Foto: Archiv Andresen

Tondern! Du freundliche Stadt der Marsch. Über deinen Dächern, in deinen Gassen, unter den hohen, alten Bäumen an der Wiedau raunt es von vergangenen Zeiten. Ein seltsames Gefühl durchdringt die Brust des Fremdlings, der dich zum ersten Mal besucht. Ja, eindringlich umfängt uns Menschen der neuen Zeit der Geist des Bürgertums eines vergangenen Jahrhunderts, einem betäubenden Blütenduft vergleichbar. Der fleißige, schaffende, schmückende Bürgersinn eines kleinstädtischen Gemeinwesens verfolgt dich, Fremdling, noch heute auf Schritt und Tritt in Tondern der freundlichen Stadt an der Wiedau.

Das bürgerliche Jahrhundert, das 19. Jahrhundert meiner Eltern, das Jahrhundert, in dem auch meine Wiege stand und aus dem sie nicht wegzudenken ist.

War es nicht nur natürlich, dass diese Stadt, dem der Bürger von jeher ein so Wesen bestimmendes Gepräge gab, wo die geistige Regsamkeit eines Volkes, wie es zwischen Königsau und Dannewerk sesshaft ist, darauf drängte, eine geistige Bildungsstätte zu errichten. Eine Bildungsstätte nicht von jener Art einer *universitas*, sondern eine, welche dem Lande, nur diesem Lande selbst zu dienen hätte. Aus den Mauern dieser Anstalt sollten auf Generationen hinaus die jungen Menschen hervorgehen, welche berufen waren, in Stadt und Land Schleswigs, das junge Volk in den Grundzügen unserer Gesittung und Kultur zu unterrichten.

Schon am Ausgang des 18. Jahrhunderts wird diese Bildungsstätte, das Seminar gegründet. Tondern, die Bürger- und Seminarstadt Schleswig steht im 19. Jahrhundert im bedeutsamen Ruf. Wer seine Ausbildung am tonderschen Seminar genossen machte für seinen Lehrerberuf die beste Schule durch. Ist es ein Wunder, dass alle Kräfte, seien es die Eltern, Lehrer oder Pastoren, die überall im Lande tätig sind, wenn es gilt, das Geschick eines begabten Jungen zu bestimmen, dazu raten; lasst ihn Lehrer werden, schickt ihn nach Tondern, er wird zu seinem Besten sein.

Am 5.4.1875 besteht der neue Zögling aus dem Angellande seine Aufnahmeprüfung.

Wiederum sind es neue, fremdartige Eindrücke. Als er das große Gebäude an der Wiedau betritt, erfasst ihn ein bedrückendes Gefühl. Hier ist eine Welt, die er noch nie sah. Bisher war alles einfacher, kleiner, freundlicher gewesen: die Dörfer, die Schule, das Verhältnis zu seinem Lehrherrn. Hier aber macht sich ein herrschender Geist breit, überall starrt ihn das strenge Gesicht der Autorität an. Das Persönliche, das väterlich-freundliche ist einer lehrhaften Überheblichkeit gewichen. Da gilt es, standhaft zu bleiben, vor allem nicht die Lust und den Mut zu verlieren.

Mit Selbstzucht findet sich der junge Mann in diese neue Welt. Er findet sich umso besser hinein, je schneller sein Sinn bereit ist, Freundschaft zu schließen mit allem, was ihm umgibt, dem freundlichen Städtchen, der neuartigen Natur ringsum, Freundschaft mit den Kameraden, die ja fast eine Ausnahme vom Lande stammten.

Der Krug des Gastwirtes und Grobbäckers Peter Petersen in der Westerstraße in Tondern, wo Franz Andresen als Seminarist Wohnte. Federzeichnung von Theodor Andresen nach einer Fotografie, Archiv Andresen

Bei einem Grobbäcker und Gastwirt mit Namen Peter Petersen in der Westerstraße wird er einlogiert. Der junge Mann ahnt nicht, wie bedeutungsvoll für sein ganzes Leben der Augenblick ist, als er über die Schwelle dieses Hauses tritt. Es ist ein lebhaftes Haus. Aber damit findet er sich bald ab, auch im Elternhause liefen viele Kinder ein und aus. Zunächst haben mehrere Pensionäre Unterkunft gefunden, dann haben die Wirtsleute selbst eine große Kinderschar.

Peter Petersen 19.4.1832 – 13.1.1890.
Foto: Archiv Andresen

Der Pensionsvater ist ein ruhiger, freundlicher Mann. Man sieht ihn wenig, er ist den ganzen Tag in seiner Backstube beschäftigt. Die Pensionsmutter aber ist eine Frau, die den Mund auf dem rechten Fleck hat. Wenn ihre Stimme ertönt, muss alles gehorchen: Gäste, Kinder und Logiskinder. Ihr Reich ist vorne die Wirtschaft, hier hat sie zu bestimmen, hier hält sie Ordnung. Ja diese Gaststube hat etwas Charaktervolles. So niedrig wie sie ist, sie ist freundlich und gemütlich. Durch den typischen breiten Fenstervorbau fällt ein gedämpftes Licht herein. Unter dem niedrigen Gebälk lagert immer ein Dunst von Tabak und Punsch. An den einfachen, unbedeckten Tischen, auf den Bänken an den Wänden entlang sitzt ein Volk von Männern der Marsch, bartlos, breitschultrig, mit dem Ausdruck der Ruhe und Besonnenheit auf dem recht festen Gesicht, die unvermeidliche halblange Pfeife im Mundwinkel haltend, vor sich die kleine, buntbemalte Punschtasse, die Branntweinflasche mit der wasserhellen und doch so belebenden Flüssigkeit; und wenn man nicht Karten spielt oder die Würfel über den Tisch kollern, spricht man vom Vieh, vom Handel, denn es sind die Jahre, wo aller Viehhandel von nah und fern sich in den Mauern des Städtchens abspielt.

Ja, es gibt für den Neuangekommenen viele neue Eindrücke. Sonderlich ist es auch für ihn, hier eine fast fremde Sprache zu finden. Überall in Haus und Gasse spricht dieses Volk, Groß und Klein die plattdänische Sprache. Wohl wurde der Bauernsohn aus dem Angellande zu einer Zeit geboren als noch der Däne das Land beherrschte, wohl vermag er noch einzelne Ausdrücke zu verstehen, aber im Ganzen muss er sich erst in diese Umgangssprache hineinfinden.

Nun sind schon einige Wochen verstrichen. Der Frühling zieht ins Land. An der Wiedau, auf den Fennen grünt und blüht es. In den Kronen der hohen Ulmen und Linden rings um das Seminar herum schmalzt der Star, pfeift der Fink. Kecker zieht der Schüler die blaue Mütze zum Ohr hin, bummelt zu zweien, zu dreien durch die krummen Straßen. Nun ist der Himmel. Die Sonne malt prächtige Farben an den hohen Giebelflächen der alten Häuser, wirft kräftige Schatten über die zinnoberroten Dächer, blinkt in den sauber polierten Fensterscheiben all dieser eigenartigen Vorboten der alten Bürgerhäuser.

Die kecken Burschen packt der Übermut. Sie zwinkern sich mit den Augen zu, wenn ein lang bezopftes Mädchen vorüberhastet, wenn ihre Blicke schüchtern schweifen, wenn die Wangen sich röten.

Draußen in der Schweizerhalle haben die Seminaristen ihr Kneiplokal. Denn auch das gehört zu einem rechten Studiosus. Dort wird nach studentischem Brauch gekneipt, gesungen und getrunken. Die jungen Semester werden mit Würde in diese hohe Carona eingeführt. Anfangs sind sie schüchtern und unbeholfen, aber sobald der Gott Gambrinus[3] sie in seine bezwingende Gewalt genommen, geht es schon besser. In schönem Monat Mai ist die Taufe der Füchse. Der kleine, breit gebaute Bauernsohn aus dem Angellande erhält den Namen „Kurz". Nun muss er sich drei Jahre mit diesem Namen herumschleppen. Es behagt ihm anfangs nicht recht. Er verletzt ein wenig sein Selbstbewusstsein, seinen Angliter Bauernstolz. So klein bin ich doch nicht, denkt er, es gibt sie doch noch kürzer. Aber dagegen lässt sich nun nichts machen. Auch wenn der Biername unsinnig ist – und wie mache andere Taufnamen sind es nicht – er ist ein Name, bei dem man gerufen wird. Schlimmer geht es den Füchsen schon mit dem Alkohol. Mit dem kann er sich gar nicht vertragen. Andere leisten darin Unermessliches. Meistens sind es die, welche im Unterricht nicht recht vorwärtskommen, welche in dieser Unterrichtszeit nichts anderes erblickten, als eine Gelegenheit, ihren Jugendübermut auszutoben.

Doch der 19jährige Bauernsohn steht in einem ernsteren Verhältnis zu der Bildungsanstalt. In seiner Kindheit hat er schon manches durchmachen müssen, was vielen Kindern erspart blieb. Er hat früh den Vater verloren, er hat im Verein mit einer großen Reihe von Geschwistern viel arbeiten müssen. Von der

---

[3] Legendärer König, der als Erfinder des Bierbrauens galt, nach Johannes Aventinus, Annales Bajorum 1519.

arbeitsamen, sparsamen, strengen Mutter ist er mit der Ermahnung fortgeschickt: „Spor up din Geld, din Bröder kregen dat nich so us du un vi möten all hart arbeiten." Und da er nun von Natur ein Junge ist, der es gewohnt, nachzudenken – ganz aus der Eigenart des Vaters heraus – so schreibt er diese Worte ins Gedächtnis.

Es ist immer so auf solch höheren Bildungsanstalten: Wer mit Ernst an seine Arbeit geht, wer sich bemüht, seine Pflicht zu tun, um vorwärts zu kommen, um sein Ziel zu erreichen, wird von den Kameraden, die anderer Meinung und Art sind, scheel angesehen. Wenn es noch dabeibliebe, brauchte der Strebsame sich wenig darum zu kümmern. Aber in den Augen der Neider ist der Strebsame ein Streber, einen den man verachten muss und auf den man, es ist das Bittere, hetzen muss. Solche Gegensätze wird es immer geben an Schulen, wo das Verhältnis zwischen Lehrer und Schüler gar zu leicht sich lockert, wo das Fachlehrersystem dafür sorgt, dass der persönliche Kontakt zwischen Lehrer und Schüler fast gänzlich ausgeschaltet wird.

Doch der, welcher mit Ernst zu seinem Ziele strebt, mag sich um derartige Anwürfe wenig kümmern. Sein Glaube ist, dass das Gesunde in der Welt siegt.

Die Aufgaben, die in der Schule gestellt werden, sind oft nicht leicht zu bezwingen. Obwohl er einer der besten Schüler ist, es gibt Fächer, die ihm Schwierigkeiten bereiten. Da ist die Mathematik, die ihm zwar auch keine schlechten Zensuren einbringt, deren gedankliche Schärfe und formelhafter Aufbau seinem Wesen nicht entspricht. Seine handwerkliche Begabung von Hause aus ist mehr von einer freischaffenden Phantasie getragen als von der exakten maßvollen Berechnung. Wohl wird bewusst gelehrt, dass nun der geschaffene Gegenstand in allen Teilen schönheitsvoll erscheinen soll, die Gesetze der mathematisch zu errechnenden Verhältnisse gewahrt werden müssten, aber die Verbindung, das völlige ineinander aufgehen von Gefühl und

Naturgesetzen ist wohl nur als edles Geistesgut bei den Künstlern zu finden. Lehrhaft dieses beizubringen, wird immer Mängel zur Folge haben.

Etwas Anderes fühlt er in jeglichem Unterricht: das pädagogische Können des Lehrers spielt eine ausschlaggebende Rolle in Bezug auf den Einfluss auf den Zögling. Wie manch traurige Gestalten wandeln unter den Lehrern, die nicht im Entferntesten zu ihrem Berufe berufen sind. Da ist zum Beispiel das Geschichtsfach, welches oft Unlust in dem Schüler erzeugt. Nicht um des Stoffes willen, in Wahrheit gibt es wohl kein Lehrstoff, der so interessant gestaltet werden könnte wie gerade dieser. Aber es kommt auch hier in ganz besonderem Maße auf den Lehrer an. Und da will das Unglück, dass dieser Lehrer in Methoden verfällt, die auf jeden jungen, frischen Geist ermüdend, ja abstoßend wirken müssen. Memotechnik nennt sich diese teuflische Methode, an Hand von sinnlos erfundenen Wortverbindungen Geschichtszahlen einzupauken. Diesem Unterricht unterliegen die jungen Zöglinge Stunde für Stunde und kein Wunder ist es, wenn dieser Geist Unkraut sät.

Wie oft gestaltet sich unser Geschick zu einer wesentlichen Linie durch kleine Begebenheiten, denen man kaum eine Beachtung schenkt. Sie sind aber bei näherem Zusehen durch das ganz bestimmte Zusammenwirken mancherlei Geschehnisse, die wir im Augenblick und oft auch später gar nicht zu erkennen vermögen, bedingt, woraus auch die Erklärung erfolgt, dass wir sie leichtfertig mit jenem alles überspringenden Wörtchen Zufall abtun.

Fast ein Jahr schon weilt der Seminarist in Tondern. Manche Erlebnisse erfüllten dieses Jahr – ja, auch manches Mädchen kreuzte seinen Weg, manche sehnsuchtsvolle Blicke folgten hintendrein.

Eines Tages als er von der Schule heimkehrt begegnet ihm im Gang des Hauses seiner Wirtsleute eine schlanke, leichtfüßige

Mädchengestalt. Zwar erfuhr er vor einigen Tagen, dass die älteste Tochter des Hauses, welche irgendwo im Lande in einem Pastorenhaus eine Jungmädchenstellung einnimmt, auf einige Tage nach Hause kommen sollte.

Johanna Dorothea Petersen, geb. Schmidt,
(20.3.1832 – 30.3.1917). Foto: Archiv Andresen

Aber in diesem Augenblick hat er nicht daran gedacht. Er sieht nur diese Gestalt, wie sie, ein wenig von Dämmer des Hauses umhüllt, an ihm vorüberhuscht. Ein freundlicher Gruß klingt ihm in den Ohren und fort ist die Erscheinung, verschwunden in der Küche. Als es zum Mittagessen geht, kommt die Wirtsmutter herein, schaut nach dem Rechten, ruft unwillig nach der Küche zurück: „Anna, kom med Kartöfler, men straks!"

Anna Christine Petersen als junge Frau (7.11.1856 – 8.4.1927)
Foto: Archiv Andresen

Schon tritt die Gerufene durch die Tür. Ja, sie ist es. Die Mutter, welche nach der Wirtsstube gerufen wird, wo es hoch herzugehen scheint, klärt ihre Zöglinge im Fortgehen noch auf, das ist meine älteste Tochter, Ihr habt sie ja noch nicht kennen gelernt. Der Bauersohn aus Angeln – er weiß nicht wie ihm geschieht – schaut auf seinen Teller nieder und fühlt wie ihm das Blut zu Kopfe steigt. War es nicht Zufall, als das Mädchen durch die Tür trat, ruhte eine Sekunde ihr Blick auf ihm. Er erhebt sich wie es die anderen tun, er drückt dem jungen Mädchen die Hand zum freundlichen Gruß, er sitzt wieder die anderen am Tisch, ergreift die Gabel und stochert im Keller. – Er tut´s aber nicht wie die andern, die, als das Mädchen wieder in der Küche verschwunden, sich verständnisvoll zuwinken und heimlich tuscheln: verdammt, die Alte kann mit der ersten Ehre einlegen. Ja, er möchte in hellem Zorn aufflammen, als diese geschmacklose Gesellschaft noch einige anzügliche Redensarten fallen lässt – aber bald ist die Gleichgewichtslage des Alltages wiederhergestellt. Die anderen beruhigen sich nach und nach – nur in der Brust eines einzigen will die Ruhe nicht wieder einkehren. Amor, dein Pfeil hat mitten ins Schwarze getroffen.

Voll Unruhe kehrt der Jüngling in sein Zimmer zurück. An ein ruhiges, gesammeltes Arbeiten ist nicht zu denken. Er sitzt und träumt, sitzt und horcht – wenn es auch nur die Schritte sind, die er unten im Hause hört. Nein, das war nicht die Pensionsmutter, den Schritt kennt er zur Genüge – das war der Alte, ja, sein Schritt ist gemessen, dröhnt nicht so durch die Wände – dass – ja, das war ein neuer Schritt, ein unbekannter, der muss von ihren Füßen stammen. Wie das trippelt, leichtfüßig, nicht erregt, ganz aus der Natur des Menschen erwachsen, diese Art, durch die Zimmer eilen, die Türen zu öffnen und so hinter sich zu schließen, dieses – nun, er will sich bezähmen, es ist eben neuartig und auffällig, weil es ein Wesen ist, das man bisher nicht im Hause gewohnt war – nein, er horcht wieder und wieder auf, es ist etwas anderes, das er nicht zu unterdrücken vermag.

Am nächsten Tage als er von der Schule kommt, ist der Vogel schon wieder fortgeflogen. Eine tiefe Kümmernis erfasst ihn. Alles, was er beginnt, will ihm nicht gelangen. Immer ist er mit seinen Gedanken anderswo. Tage vergehen ehe er wieder ins rechte Gleis kommt.

Nun hat er schon die Hälfte seiner Seminarzeit hinter sich. Immer noch, wenn er an jene älteste Tochter des Hauses denkt, spürt er eine tiefe Neigung zu ihr. Wird er sie jemals wiedererkennen? Selten kommt sie nach Hause und in den Festtagen weilt auch er in seiner Heimat.

Eines Tages im Februar erzählt die Wirtsmutter so nebenher: Am Mittwoch kommt unsere Anna auf einige Tage nach Hause. Sie wechselt ihre Stellung. – So gleichgültig sie dieses mit ihrem geschäftigen Munde hinwirft, so gierig wir diese Nachricht von dem Liebenden aufgefangen. Mittwoch! Nur noch zwei Tage sind es. Sicherlich wird sie eine Weile zu Hause bleiben. Denn, so überlegt er, zum 1. März bleibt noch über eine Woche. Und vor diesem Datum wird sie sicherlich nicht die neue Stellung antreten.

Als er über seine Arbeit gebeugt sitzt, träumt er wieder und wieder von der schönen Zeit, die nun vor ihm liegt. Doch plötzlich überrieselt es ihn wie von einem kalten Wasserstrahl. Was will er denn? Nicht einmal den Anfang hat er bisher gemacht – und wie, wenn sie nichts von ihm wissen will, wie, wenn sie ihr Herz schon einem anderen gegeben? Alles Hoffen sinkt dahin und düstere Gedanken peinigen den zweifelnden Jüngling.

Dann bricht der Mittwoch an. Gegen Abend rollt ein Fuhrwerk durch die Westerstraße. Nun hält es an. Die Pferde prusten unmutig. Ein junges Mädchen – tief in ihren Mantel gehüllt, denn ein eisiger Wind pfeift durch die Gassen – springt von dem Bauerngefährt hernieder. Schon ist ihr Vater aus dem Hause herbeigeeilt. Er hebt das Gepäck nieder. Eine zweite, jüngere männliche Person ist ihm zur Hilfe gesprungen. Das junge Mädchen begrüßt den Vater auf das Herzlichste, wendet sich dann zu dem

Jüngling und gibt auch ihm einen freundlichen Hand Gruß. Drauf suchen alle das schützende Haus. Dort geht es abermals an ein lebhaftes Begrüßen. Die kleineren Geschwister kommen mit viel Hallo herbeigelaufen, die Mutter lässt ihre Arbeit in der Küche auf eine Weile liegen, die Pensionäre lassen sich's nicht nehmen, das junge Fräulein zu begrüßen. Bei all diesen Vorgängen steht der Liebhaber beiseite und sucht nach einem Zeichen, das ihm sagen möchte, du darfst hoffen. Er findet es nicht, aber es ist dennoch, als ließ ihn ein unbekannter Sinn es empfinden, von ihrer Neigung überzeugt.

Am anderen Tage als die Mittagsmahlzeit beendet, wagt er sie zu fragen: „Fräulein Anna, hätten Sie nicht Lust, heut Nachmittag eine Schlittschuhpartie mit mir zu machen?" – O, sie schwingt sich zu gerne über die weite Eisfläche dahin. Von Kind auf schätzt sie dieses Vergnügen. Aber sie wüsste nicht – ihre Mutter!" – „Das mach ich in Ordnung", beruhigt er sie und schon ist er bei der Mutter. „Nein, erwidert sie mit ihrer kurzen, energischen Stimme, auf keinen Fall – gestern nach Hause gekommen und heute schon zum Vergnügen. Ihr Zeug in Ordnung bringen, mithelfen in Haus und Hof, das käme erst."

Der junge Mann – er weiß nachher kaum – wie er das fertig gebracht – wird energisch, sie soll der Tochter, die jahraus jahrein in schweren Stellungen gewesen, auch einmal ein kleines harmloses Vergnügen gönnen. Sie hätte die frische Luft, sie ja wie blass ihre Gesichtsfarbe wäre... Er hat noch nicht geendet, da wird die Mutter schon wieder abgerufen. Im Fortgehen, nur um den lästigen Bittsteller los zu werden, ruft sie noch: „nun, meinetwegen, aber nur eine Stunde."

Die Tochter stand die ganze Zeit hinter der Tür. Gespannt erregt sie folgt sie dem Hergang des Gesprächs. Wenn sie auch weiß, dass die erzwungene Zusage nicht ernst zu nehmen ist, sie wurde gegeben und sie nimmt sich vor, darauf zu bauen.

Wenn zwei Liebende, die das Einverständnis ihrer gemeinsamen Gefühle noch nicht gestanden, sich dennoch bewusst, die gleichen Wünsche zu hegen, kann der nächste Schritt nicht schwer sein.

Um 3 Uhr machen die beiden sich verstohlen aus dem Hause, hinab zur Wiedau, zu den Fennen der Marsch.

Welch schönes Bild breitet sich da von ihnen. Wer in der Stadt beheimatet, wer von Kind auf das Glück genoss, in ihren Mauern aufzuwachsen, kennt es und macht nicht viel Aufhebens davon – dieses Bild: rings um die Stadt auf den weiten, ebenen der Marsch ist die Wiedau über die Ufer getreten und hat alles zu einer großen Wasserfläche verwandelt, so dass es von Ferne scheint, als läge die Stadt auf einer Insel darin. Wenn dann der Frost einsetzt, währt es nur kurze Zeit bis diese weite Wasserfläche zu einem einzigen Eisplan erstarrt ist. Dann ist die Zeit gekommen, wo Jung und Alt hinauseilt, wo die Schlittschuhe Groß und Klein sich sammeln und wo die Schlittschuhe ihre Träger in schnellem Fluge über die weite Fläche tragen.

Ein scharfer Wind steht von Südwest herein, pfeift über die glatte Ebene der überschwemmten und erstarrten Fläche der Marsch. Hier und da stieben feine Wölkchen auf, wenn nämlich der feine Pulverschnee unter der Wucht des Windes aufgewirbelt wird. Das junge Paar kümmert sich nicht drum. Wenn auch anfangs die Glieder starr sind – das Mädchen ballt die Fäuste, birgt sie in ihren zierlichen Muff – der Jüngling, nachdem er mit klammen Fingern die Schlittschuhe befestigt, streift ein Paar handgestrickter Handschuhe über – und so geht es gemeinsam in gleitendem Fluge hinaus.

Knirschend schneidet das blaue Eisen des Schlittschuhs in die spröde Fläche des Eises. Mit Kraft steht der Wind entgegen, so dass die beiden jugendlichen Menschen die volle Wucht ihres Körpers gebrauchen, um sich dieser Macht entgegen zu lehnen. Die Wangen röten sich. Worte werden kaum gewechselt. Denn – kaum dem Munde entschlüpft – trägt sie der Wind schon fort.

So kommen sie mühsam hinaus auf den Damm, der die Straße nach Aventoft trägt. Dort ist es geschützt. Hier kann man einen Augenblick verweilen, kann Atem holen, kann sich ungehindert unterhalten. Sie sprechen über alltägliche Dinge. Das Jungmädchen erzählt von ihrer Stellung, von dem Pastor, der ein gar würdiger und achtbarer Herr ist, von der Frau Pastorin, mit der sie den ganzen Tag zusammen wirtschaftete, die ihr die buntesten Dinge aus ihrer eigenen Jugend erzähle.

Schlittschuhlaufen. Federzeichnung von Theodor Andresen,
Archiv Andresen

Dann beschließen sie, zurückzulaufen. Kaum sind sie aus dem Schutz des Dammes als der Wind sie mit aller Gewalt von hinten packt. So treibt er sich vor sich her. Sie brauchen nicht die geringsten Anstrengungen zu machen. Nun erst können sie im Wohlgefühl des Dahingleitens die kurzen Stunden des Tages genießen. Sie haben kreuzweise die Arme übereinandergeschlagen und die Hände gefasst. Zum ersten Male spürt der Jüngling die beseligende Wonne jugendlicher Liebe. Er fühlt die Wärme ihres Herzbluts, die, von der zarten, schlanken Hand ausstrahlend, den Handschuh durchdringt und sich mit Wärme seines eigenen Blutes vereint. Er schaut sie an und bewundert still ihre Schönheit, die schlanke, hohe Gestalt, das ebenmäßige Profil, das sich durch eine gewisse Schärfe der Linien auszeichnet, besonders durch die festen Züge um den Mund, die auf einen starken Willen deuten. Er schaut die von einem leicht rosigen Hauch gefärbten Wangen, die sonst so sehr zur Blässe neigen. Eng presst der scharfe Wind den langen, grauen Rock um die Hüften und lässt ihn mit aller Wucht nach vorn flattern. Das treibt sie schneller als ihn, der nun häufiger einen Schritt machen muss, um sich neben ihr zu halten. Sie hat ihre Freude daran und es ist, als hätte sie es in ihrer Gewalt, ihre Gestalt noch leichter zu machen, dass sie ihn überhole. Dann sucht er sie zu halten, schmiegt sich fester an sie – und das Spiel der Liebenden, die zum ersten Male allein beisammen sind, beginnt seinen Lauf.

Christkirche in Tondern. Federzeichnung von Theodor Andresen,
Archiv Andresen

41

Aber schon sind sie wieder am Ziel. Er kann sich nicht darin finden, dass die Zeit schon hin. Er bittet, er fleht, noch ein Viertelstündchen. Doch von der Nordsee her sinken schon die Schatten der Dämmerung. Nein, nein auf keinen Fall. Es ist schon über die Zeit. Die Mutter wird ohnehin schelten – und mit der Mutter ist nicht zu spaßen.

Wieder zittert am Abend der Liebende auf seiner Kammer. Er schilt sich einen dummen Jungen, dass er das Glück nicht gekostet wie er es hätte nehmen sollen. Lange Zeit sitzt er da und träumt von ihrer Gestalt. Der Klang seiner Stimme geht immer wieder durch seinen verliebten Sinn.

Am nächsten Morgen ist der Vogel schon wieder ausgeflogen. Kaum, dass sie Abschied genommen. In der Schule will ihm nichts gelingen. Die Lehrer sind unzufrieden mit ihm. Er sei wohl krank, habe die Nacht zum Tage gemacht. Einer der Kameraden hat etwas erfahren. Man sucht, in ihn einzudringen. Aber er schweigt, kümmert sich um nichts, denkt nur an das Gestern. Die Zeit mit ihrem Alltagskraut wuchert über alles hin, auch über die schönsten Rosengärten der Vergangenheit. Eine Nachricht gibt die Geliebte nicht. Die Eltern könnten davon erfahren. Und auch sie hat sich irgendwelche Grüße verbeten. Die Frühlingszeit naht und mit ihr taucht der Schüler hinein in eine Zeit angestrengter Arbeit. Endlich in den Tagen vom 8. bis 11. April des Jahres 1878 ist der Höhepunkt erreicht. Irgendwelche Bedenken für den Schüler, die Abschlussprüfung zu bestehen, gibt es nicht. Er geht sogar als einer der Besten hervor. Sein Zeugnis lautet 19 mal sehr gut, 12 mal gut und 2 mal genügend.

Eine neue Zeit eröffnet sich ihm. Er kann seinen Beruf antreten, wohin man ihn auch ruft. In den Frühling hinein geht's mit dem Postfuhrwerk über die schleswigsche Heide. Blau ist der Himmel, linde Lüfte wehen vom Süden, aus Heide- und Ginsterkraut steigt jubilierend die Lerche empor und dort drüben hinter den Höhen liegt unter anderem ein Dörflein, in dessen Pastorenhause ein junges Mädchen am Herde steht, ein uraltes Lied des Landes summend, das von Sommer und Liebe kündet.

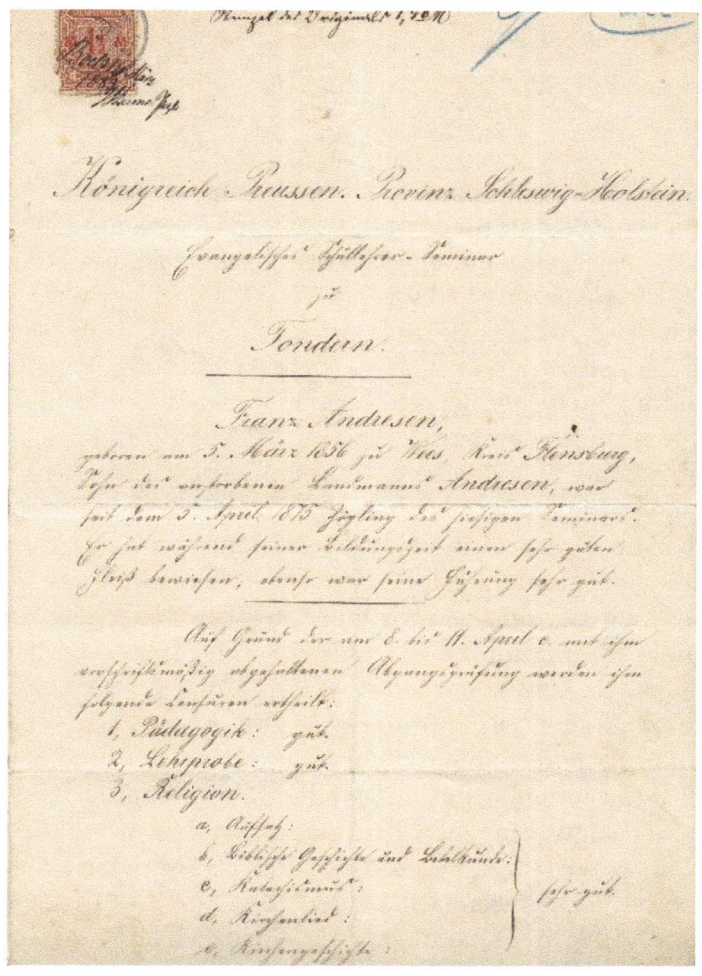

Abgangszeugnis des Lehrer Seminars in Tondern 1878 von Franz Andresen. Foto: Archiv Andresen

LEHRER IN MUNKBRARUP, BÖEL UND SCHEGGEROTT 1878 – 1888

Als der nun 22jährige Jüngling den elterlichen Hof betritt, kommt er zum ersten Male in seinem Leben als einer, der zu seiner Mutter, zu seinen Geschwistern sagen kann, nun bin ich soweit, dass ich mich selbst ernähren kann, nun sollt ihr aller materiellen Sorgen um mich enthoben sein. Aber damit ist es nicht gesagt, dass er nur, auf eigene Füße gestellt, seinem Elternhause den Rücken kehren wird wie ein Vogel, der flügge wird, der das Nest verlässt, um nie dorthin zurückzukehren.

In die Zeit seiner seminaristischen Ausbildung fällt ein für die Beziehung zu seiner heimatlichen Hufe wichtiges Ereignis.

Schon im November des Jahres 1873 war diese Hufe an den ältesten Bruder Jens Peter abgetreten worden. Die Mutter, welche sich zu jener Zeit noch rüstig und gesund fühlte, denn sie stand ja im 54. Lebensjahre, welche sich noch um die Ausbildung der jüngsten Kinder – der Fritz war erst 13 Jahre alt – besorgt sein musste, wird zu diesem Schritt genötigt durch den ältesten Sohn. Sie muss mit ihm und den anderen Kindern das väterliche Erbe aufteilen. Da kein Testament von dem Vater vorliegt, da der Älteste seit einigen Jahren mündig, tritt das Gesetz in Kraft. Es ist eine alte Festehufe in einer Größe von 116 Heitscheffeln (ca. 40 ha). Der gesamte Grund und Boden fällt dem ältesten Sohn zu, das Allodialgut hingegen wird nach Taxation unter Mutter und Kinder verteilt dergestalt, dass jeder der 5 Söhne und die Mutter 2/14 erhalten, während die beiden Töchter mit 1/14 abgefunden werden. Außerdem hat die Mutter Anspruch auf eine Abnahme, welche der Sohn mit allen genau festgelegten Abgaben zu stellen hat. Dies geschieht mit der Erbteilungs- und Übertragungsakte vom 6. November 1873.

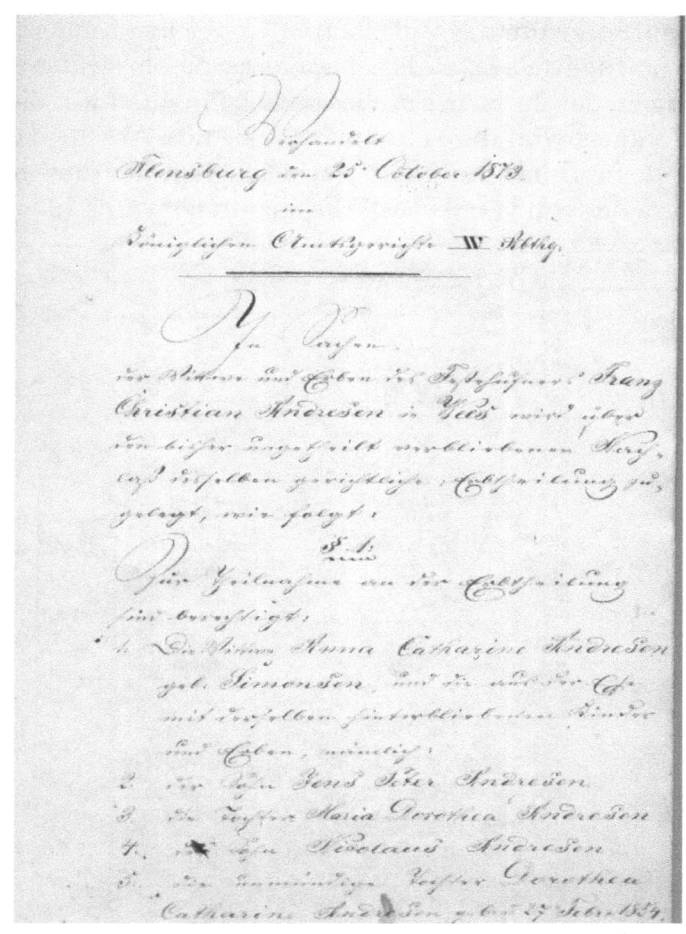

Erbteilungsakte Franz Christian Andresen, Wees, und Übertragungs-
akte auf seinen Sohn Jens Peter Andresen.
Foto: Archiv Andresen

Es ist für die Mutter ein schwerer Tag als sie das Haus, in welchem sie als junge Frau eingezogen, in dem sie an der Seite ihres Mannes Tage und Jahre der Freude aber auch des Leides verlebt.

Arbeit, Sorge um das tägliche Brot bei reichen Kindersegen füllten die Tage aus. Ja, in diesen Mauern musste sie das Schwerste ertragen, das ihr bisher in diesem Leben widerfuhr, den Tod ihres Mannes. Von dieser Stätte muss sie nun Abschied nehmen – und das nur aufgrund der Hartnäckigkeit des ältesten Sohnes willen, der sein väterliches Erbe anzutreten wünscht.

Jens Peter Andresen (20.2.1848 – 20.3.1891).
Foto: Archiv Andresen

Was mag diesen Sohn Jens Peter in einem Alter von 25 Jahren zu dieser Handlungsweise getrieben haben? Allem Anschein nach hat er viel von den Eigenschaften seines Vaters geerbt. Da ist zunächst und hauptsächlich der harte Sinn, seinen Willen durchzusetzen. Weiterhin in dienender Stellung zu stehen wird ihm auch nicht behagt haben. Er ist ja der älteste Sohn eines freu schaffenden Bauern. Da der Vater nun nicht mehr ist und ihm das Recht zusteht, den Hof zu übernehmen, macht er von diesem Rechte Gebrauch, vielleicht ist es auch die Einsicht des Jüngeren in die Art, nach neueren Methoden zu wirtschaften mit ein Antrieb gewesen, die nach alten bewährten Richtlinien wirtschaftende Mutter beiseite zu drängen. Die Jugend ist gar zu leicht geneigt, das Alte, Überkommene als veraltet und rückständig zu bekämpfen. Der Vertrag wird ordnungsgemäß vor dem Gericht ausgefertigt und von allen Teilen unterschrieben.

Die Abnahme der Hufe in Wees. Federzeichnung von Theodor Andresen, Archiv Andresen

Die Mutter bezieht die Abnahme und von diesem Tage an beginnt ihre eigentliche Witwenschaft. 34 Jahre, von 1873 bis 1907, bewohnt sie das kleine freundliche Seitengebäude der Hufe. Viel schweres Leid ist auch in den ersten Jahrzehnten dieser Zeit zu verzeichnen.

Der nächste Schlag, der sie wenige Jahre nach diesem Ereignis trifft, wird abermals von ihrem Sohn Jens Peter verursacht. Ohne auch nur ein Wort seiner Mutter und seinen Geschwistern darüber zu gönnen, verkauft er die schöne, alte Hufe. Was mag ihn zu dieser Handlung verführt haben? Es muss in seinem Wesen eine Art Unbeständigkeit gewesen sein. Hat er wohl auch diese von der väterlichen Seite geerbt? Vielleicht ist ihm die Lust vergangen, Landmann zu bleiben. Es sind ja die Jahre nach den Kriegen Mitte des vorigen Jahrhunderts, in denen es der Landwirtschaft nicht sonderlich gut geht, denn die Erträgnisse reichen nicht hin, um wesentlich vorwärts zu kommen. Vielleicht kommt auch bei dem Bauernsohn aus altem Angler Geschlecht dieses hinzu, dass er unter einer stark einsetzenden Aufklärung in wirtschaftlicher Hinsicht in das Fahrwasser einer spekulativ gearteten Geschäftstüchtigkeit gerät, dass er sich halb aus seiner eigenen Unruhe heraus, halb aus den Einflüsterungen einer händlerisch interessierten Umwelt entschließt, den alten, überkommenen Beruf an den Nagel zu hängen. Seine vererbte Eigenwilligkeit lässt ihn unbedachtsam handeln. Von der Straße weg verkauft er den Hof, der über 100 Jahre im Besitz seiner Väter war.

Wie werden die Mutter und die Geschwister darunter gelitten haben. Wenn es auch Leute aus dem Ort sind, die nun von Allem Besitz ergreifen, es sind doch fremde Menschen, die in die vertrauten Räume Einzug halten und alles andere gestalten. Zwar bleibt die Mutter nach Gesetz mit allen Rechten auf der Abnahme sitzen, aber sie lebt hier fortan wie ein abgetrenntes Glied, das seine Beziehung mehr zum Ganzen hat. Wenn auch sie dereinst dahin ist, ist das letzte Band, welches die Familie an diese

Scholle hielt, zerrissen. Die Mutter gedenkt in diesem schicksals-reichen Tagen ihres lange verstorbenen Mannes, wie mit Fleiß und Geschicklichkeit sein Anwesen steuerte, wie er jahrelang strebte, die verfallenen Gebäude zu erneuern, wie er dieses Vor-haben im Jahre 1855 zum Leidwesen des damals noch lebenden Vaters vollführte, die alten Fachwerkbauten durch glatte Ziegel-steinmauern ersetzte, die Scheunen und diese Abnahmewoh-nung im Winkel daran baute, wie er noch lange, nachdem sie in diesen Neubau eingezogen, gesagt hatte: „Nu kann da wedder hunnert Johr stahn, nu bruken de Kinner un Kinneskinder nich bang sein, dat se dat Hus över de Kopp tosammenfallt."

Sein ganzer Stolz war es gewesen, in die Zwickel über der Ein-gangstür dieses Monogramm einzufügen: F C A und A C A, den Namenszug seiner Frau und sein eigener. Nun hatte das keinen Sinn mehr. Wohl standen die Buchstaben noch dort, wohl ließ der neue Besitzer äußerlich alles wie es gewesen. Aber die Mut-ter braucht nur aus ihrem Abnahmestübchen aus dem Fenster zu schauen, braucht nur über den Hof hinüber auf dieses gelbe Mo-nogramm auf schwarzem Grunde zu blicken und es geht ihr wie ein Stich durchs Herz.

Noch ist die Trauer um all dieses nicht überwunden als der Franz aus Tondern zurückkehrt. Er ist frohen Muts und mit Stolz zeigt er der Mutter und Schwester sein Zeugnis. „Ja, ja, dat hest du gut makt, min Jung", sagt sie, fügt aber mit einem unter-drückten Schmerz hinzu, „wenn din Broder Jens Peter sin Mud-der man ebenso veel Freude makt har."

Das rührt auch bitter an die Seele des Sohnes. Er schaut zum Fenster hinaus. Gerade tritt der neue Besitzer aus der Tür, stellt sich, die lange Pfeife im Munde, behäbig davor. Der Bauernsohn gedenkt seiner Kindheit, wie er aus dieser Tür ein- und ausge-laufen, er träumt von der Zeit als er sich im kindlichen Spiel in Haus und Hof getummelt, er gedenkt jenes kleinen Raumes drü-ben im anderen Ende, der Klüterkammer – und wieder sieht er den neuen Herrn. Der schaut vergnügt in den Himmel hinauf als wollt er sagen: „dor hew ick doch´n guden Hannel makt."

„Mudder" – wendet sich da der Sohn –„söln wi nich din Lehnstuhl von disse Fenster röwersetten na dat Stratenfinster, de sühst du en beten beter, wat op de Strat passert un de Sün fallt dor ok mehr." „Ja, ja, min Jung, du hest recht." Und schon packt der Sohn mit kräftigen Händen den großen Stuhl, der noch vom Großvater stammt und trägt ihn hinüber zum „Stratenfinster".

Franz Andresen als junger Lehrer um 1879. Foto: Archiv Andresen

Sofort nach dem Osterfest kann der junge Lehrer in seinen Beruf eintreten. An der zweiklassigen Schule seines heimatlichen Kirchspiels Munkbrarup findet er Anstellung. Nun steht er gefestigter und männlicher den Kindern gegenüber und mit Lust und Liebe geht er ans Werk und bewältigt die Aufgabe, die ihm gestellt. Das geht unzweideutig aus dem Zeugnis hervor, welches ihm der Schulinspektor Pastor Johnsen bei seinem Fortgange unter dem 30.9.1879 ausstellt.

...er besitzt neben der ausgezeichneten Lehrgabe eine anerkennenswerte Gewandtheit, eine große Zahl Schüler und Schülerinnen auf die geeignetste Weise zu beschäftigen und stufenweise auf heranzubilden und weiß Zucht in seiner Schule mit Milde zu verbinden, so dass ihm ebenso sehr die Anhänglichkeit seiner Kinder, wie die Achtung und Dankbarkeit der Eltern schon in der kurzen Zeit seines Schulhaltens zu Theil geworden ist....Da er in echt christlichem Sinne beim Unterrichten einen durchaus tadellosen Wandel führt: so kann derselbe jeder Schulgemeinde mit Recht empfohlen werden, wenngleich sein Abgang von hier mit Bedauern gesehen wird.

Blick auf Munkbrarup. Postkarte, Archiv Andresen

Aber wie sollte nicht Lust und Liebe mit am Werke sein. Jener Schlittschuhlauf auf den Fennen vor Tondern ist nicht aus dem

Gedächtnis entschwunden. Ja, eines Tages als der junge Lehrer erfährt, die Geliebte habe in dem Pastorat von Adelby eine neue Stellung angetreten, lässt es ihn keine Ruhe. Er schreibt ihr, die er so nahe weiß, denn ein Spaziergang von nur zwei Stunden liegt zwischen ihnen, einen langen Brief und wartet sehnsuchtsvoll auf Antwort. Die trifft schon nach wenigen Tagen ein. Ja, komm nur, schreibt sie, am Mittwochnachmittag 3 Uhr sehen wir uns vor der Kirchhofpforte.

Er kann den Tag kaum erwarten. Endlich ist er da, bricht im schönsten Sommerglanze an. Kaum ist das Mittagessen verzehrt, da wandert auch schon der junge Lehrer die Straßen der Heimat entlang. Nun schaut er von Ferne den spitzen Dachreiter des Adelbyer Kirchleins. Dort unter den Kronen der dunklen Laubbäume weiß er das Pastorat, dorthin zieht es ihn mit freiem, frohem Sinn. In leichter Biegung führt der Trögelsbyer Weg hinan. Nun, als er um die letzte Biegung kommt, schaut er das weißgetünchte Friedhofsportal. Ihm klopft das Herz. Sah er nicht dort in der Pastorats-Allee sich etwas bewegen? Ja sie ist es, erkennt er doch gleich ihre Gestalt und ihren leichten Schritt. Ein wenig betroffen sind beide, als sie voreinander stehen. Es ist lange her, dass sie sich sahen. Sie scheinen beide reifer geworden zu sein. Er trägt nicht mehr die Schülermütze, in seinem Wesen liegt auch mehr Würde, sie, ihn ihrem sonntäglichen, sommerlichen Kleide in ihrer hohen, vollen Gestalt scheint ihm fraulicher geworden. Ihre ersten Worte sind ein wenig gewählt und folgen einander nur langsam – aber im Innern ist ein stilles Frohlocken. Seite an Seite schreiten sie den stillen, schmalen Weg hinab, der zwischen hohen Knicks über ein Bächlein hindurch die Trögelsbyer Feldmark führt. Der ganze schöne Sommernachmittag gehört ihnen und doch ist er ihren Wünschen nicht lang genug. Als sie voneinander scheiden, ist schon das erste Band geknüpft zu dem Bunde, der sie fürs Leben vereinen soll.

Wie oft wandert nun der junge Lehrer, wenn die Tagesarbeit erledigt oder wenn sich der Sonntag einstellt nach jenem Nachbarkirchlein dort auf der Höhe, wie oft gibt es ein frohes Wiedersehen, ein langes, langes Beieinandersein, ein wehmütiges Abschiednehmen, bis er sie ins Haus der Mutter führt. Nein, sie wollen nicht lange zögern, bald soll Verlobung sein.

Pastorat von Adelby. Federzeichnung von Theodor Andresen, Archiv Andresen

Und als dies Fest überstanden – denn all die anderen, die Geschwister, die Bekannten, die Nachbarn wollen ihr Teil davon haben – spricht man mit stiller Freude und gar heimlicher Bewunderung von dem Tage, der größer, festlicher und heiliger ist als dieser, von dem Tage der Hochzeit.

Erst will der junge Bräutigam sein zweites Lehrerexamen ablegen. Denn dann erst hat er Anrecht auf eine feste Anstellung, dann erst ist der Weg zur Ehe gesichert. Inzwischen schon hat er seine Stellung in Munkbrarup aufgeben müssen, um als zweiter Lehrer an die Schule in Böel berufen zu werden. Hier bereitet er sich unter angestrengter Arbeit für die Prüfung vor. Ende April 1881 besteht er sie. Alles ist vorbereitet für die Hochzeit, die lange im Voraus auf einen Tag im Monat Mai festgesetzt ist. Aber zum ersten Male greift das Schicksal mit harter Hand in ihren gemeinsamen Lebensweg, frühzeitig genug, als warne es mit seinen düsteren Wolken. Eine schwere Krankheit packt den Bräutigam. Der Typhus bindet ihn monatelang ans Krankenbett. Schon liegt er hart am Grabesrand, und die Ärzte wollen alle Hoffnung aufgeben. Aber ein gütiges Geschick treibt die graue Gestalt vom Lager des Kranken. Er genest. Langsam, aber beständig kommt er zu Kräften.

Schon ist der Sommer ein gutes Stück im Lande. Der Erntemonat reift heran. Nicht im blühenden Mai, wie sie es hofften, treten sie an den Traualtar, im Monat der goldenen Ähren erst wird es zur Wahrheit. Nicht voller Festrausch ist dieser Tag. Im bescheidenen kleinen Kreis der Familie dort in der alten Stadt an der Wiedau reichen sie sich die Hände zum Bunde. Am 28. August des Jahres 1881 spricht der Geistliche das bindende Wort und nimmt ihnen das Gelöbnis ab, sich gegenseitig die Treue bis zum Grabe zu bewahren. Die Meldung beim Standesamt ging in aller Heimlichkeit vor sich, denn, wie unsere Mutter oft erzählte, waren die damals vom preußischen Regiment neu eingerichteten Standesämter unter der Bevölkerung Nordschleswigs nicht sehr beliebt. Es galt fast als eine Schande, sich dorthin zu begeben.[4]

Nun beziehen sie ihr kleines, freundliches Heim im Schulhaus in Böel. Ein güldener September breitet sich über die gesegneten Fluren des Angellandes und in den blumenduftenden Gärten singt allabendlich die Nachtigall ihre köstlichen Weisen. Dann

---

[4] Vgl.: Theodor Andresen, Die Familie Andresen, Bd. 2 (1935), 60.

kommt der Winter. Als der Frühling naht, ist auch der Tag nicht fern, da das junge Eheglück seine erste große Gabe empfängt.

Am 27. Juli 1882 wird ihnen ein Mädchen geboren. Theodora Catharina nennen sie es und ehren damit ihre eigenen Mütter.

Ja, nun ist das Glück in aller Fülle auf ihrer Seite, des gesunden Kindes Kreischen und Lachen wird ihnen alltäglich zur größeren Freude.

Franz Andresen und Anna Petersen am 28.8.1881 als Brautleute.
Foto: Archiv Andresen

Theodora Catharine Andresen, geb. 27.7.1891.
Foto: Archiv Andresen

Und wieder zieht der Herbst ins Land mit all seinen bunten Farben. Wenn der junge Schulmeister am Fenster seines Zimmers steht und die Hefte seiner Zöglinge durchsieht, lehnt er sich zuweilen mit Behangen zurück und horcht auf das ruhige Atmen des Kindes in der Wiege. Er lächelt dann wohl hinüber zu seiner jungen, schönen Frau, die über ihre Handarbeit gebeugt ihm gegenüber am Fenster sitzt. Ein leiser Hauch abendlicher Düfte dringt herein, lässt die feinen Haare an ihren Schläfen erzittern. Draußen an den Steigen des Gartens blühen Astern und Georginen in leuchtender Farbenpracht und drüben über den Niederungen von Rurupmühle wogen die Nebel des stillen Herbstabends.

Das Glück ist Tag für Tag an ihrer Seite. Die Nachbarn, die Menschen des Dorfes, sind ihnen gewogen. In der Schule weiß der junge Schulmeister eine feste Hand mit väterlicher Liebe zu verbinden.

Doch nicht für immer werden sie hier sesshaft bleiben. Den jungen Menschen drängt es, weiterzukommen. Größere Aufgaben locken, zumal es gilt, dieses Glück im kleinen Kreis zu erweitern. Der junge Lehrer wird im folgenden Jahre an die einklassige Schule in Scheggerott berufen. Ungern scheiden beide von der Stätte, an der sie ihr Eheglück begründeten. Im Abschiedszeugnis heißt es:

...er hat mit größter Treue und Gewissheit sein Amt verwaltet. Mit ebenso viel Eifer als Geschick hat der stets nicht nur den Unterricht erteilt sondern dabei auch jedes einzelne Kind nach Möglichkeit im Auge behalten und im Wissen zu fördern und auf dasselbe erziehlichen Einfluss zu üben gesucht. Das Resultat seines eifrigen Strebens ist daher auch ein erfreuliches, obgleich er fast das gesamte Sommerhalbjahr 1881 durch Krankheit am Schulhalten verhindert ward. In seiner Schule herrscht allezeit die größte Ordnung und Disziplin. In hohem Grade hat daher Herr Andresen sich die Liebe der Kinder und die Achtung und Zuneigung der Eltern derselben erworben, welche auch darin sich zeigte, dass ihm von Seiten der Schulcommune gerne das jährliche Feuerungsquantum um 10 000 Torf vermehrt und auch freiwillig von Mitgliedern der Commune ihm ein Beitrag zur Hausmiete geleistet wurde. Er bewies einen kirchlichen Sinn, sein Lebenswandel war tadellos, im Umgang mit Andern sein Wesen von gewinnender Freundlichkeit.

Weit ist die Reise von dieser Wirkungsstätte an die neue nicht. Es ist in dem gleichen schönen Angellande unter den gleichen Mitmenschen mit denselben Sitten und Gebräuchen. Doch ist die Berufstätigkeit umfangreicher. Er hat alle Kinder vom ersten Schuljahr bis zum letzten in einer Klasse vor sich vereint. In Haus, Hof und Garten finden er und seine junge Frau Arbeit genug. Das schöne, strohgedeckte Schulhaus mit der langen, von

Efeu und Kletterrosen überwucherten Front zur Straße, der freundliche Ziergarten davor, der Ort, der sich eng um den Mittelpunkt der Schulecke schmiegt, alles fügt sich zu einer Geschlossenheit, die das schaffende junge Paar zu einer voll sich entfaltenden Tätigkeit zwingt – ganz im Gegensatz zu den aufgelockerten in oft gegensätzliche Richtungen weisenden Schaffen städtischer Berufsmenschen.

Das Schulhaus in Scheggerott. Federzeichnung von
Theodor Andresen, Archiv Andresen

Und es währt nicht lange, da gesellt sich zum Mädchen ein Junge. Am 28. Januar des Jahres 1884 wird er geboren: gesund kräftig, ein viel bewundertes pausbäckiges Geschöpf. Aber kurze Zeit darauf fallen aufs Neue düstere Schatten hernieder. Der Bruder des Schulmeisters, Fritz, stirbt nach kurzer Krankheit. Mit seinem Tode entsteht die erste Lücke in der Reihe der sieben Geschwister. Auf der Schwelle vom Jünglings- zum Mannesalter geht er von ihnen. Wen traf dieser Schmerz wohl tiefer als die Mutter. Da wandert der lange Leichenzug vom Hofplatz der alten Bauernstelle hinaus die Dorfstraße entlang, hinüber zum Kirchlein im Nachbarort.

Daheim im Schulhaus zu Scheggerott liegt wohlgebettet in seiner Wiege neben dem lärmenden Ofen ein kreischender Knabe, stiert mit großen fragenden Augen zum Fenster hin und freut sich an den großen dicken Flocken, die gleichmäßig und dicht vom Himmel zur Erde fallen.

Wie soll er heißen, der Knabe? Sie nennen ihn Nikolaus, nach jenem, den sie zu Grabe trugen und fügen Franz Christian hinzu, nach einem anderen, den man nunmehr vor fast zwanzig Jahren zur letzten Ruhestätte brachte, nach dem Großvater. Ahnen sie wohl, dass dieser erste Junge den harten Sinn des „Franz Buer" mit ins Leben nimmt? Ahnen sie wohl, welch hartes Geschick mir ihm einen 30jährigen Lebensweg antritt? Ja, es ist gut, dass man nichts vom Grabe weiß, wenn die Wiege am wärmenden Ofen steht.

Links: Nikolaus Andresen mit seiner Mutter 1884, rechts: Nikolaus mit seiner 1891 verstorbenen Schwester Theodora. Foto: Archiv Andresen

Fritz Andresen, Kaufmann in Flensburg. 28.5.1860 – 25.10.1888.
Foto: Archiv Andresen

Weit ist die Reise von dieser Wirkungsstätte an die neue nicht.
Es ist in dem gleichen schönen Angellande unter den gleichen
Mitmenschen mit denselben Sitten und Gebräuchen. Doch ist die
Berufstätigkeit umfangreicher. Er hat alle Kinder vom ersten
Schuljahr bis zum letzten in einer Klasse vor sich vereint. In
Haus, Hof und Garten finden er und seine junge Frau Arbeit ge-
nug. Das schöne, strohgedeckte Schulhaus mit der langen, von
Efeu und Kletterrosen überwucherten Front zur Straße, der
freundliche Ziergarten davor, der Ort, der sich eng um den Mit-
telpunkt der Schulecke schmiegt, alles fügt sich zu einer Ge-
schlossenheit, die das schaffende junge Paar zu einer voll sich

entfaltenden Tätigkeit zwingt – ganz im Gegensatz zu den aufgelockerten in oft gegensätzliche Richtungen weisenden Schaffen städtischer Berufsmenschen.

Die Wochen schwinden. Der Sommer geht zur Neige. Schon
gilben die Blätter im Garten und der heimatliche Wind pfeift um
die Ecken des Hauses. Und wieder bereitet sich das Glück, ein-
zukehren im Hause des Dorfschulmeisters, wieder trägt es die
junge Mutter unter dem klopfenden Herzen. Als dort drüben an
der Südseite des Knicks von Nachbars Koppel die erste Veilchen
ihre Knospen entfalten, als der erste Storch hoch in den Lüften
majestätisch seine Kreise zieht, kommt die Thea eines Tages ins
Haus gesprungen, hält in der kleinen Kinderhand eine zarte,
blaue Knospe und ruft: „Mutter, der Storch ist da und ich hab
gerufen: „Storch, Storch guter, bring uns ´nen kleinen Bruder."
Ein verständnisvolles Lächeln huscht über das blasse Antlitz der
Mutter – aber zugleich eilt sie, von Schmerzen gepeinigt, sich zu
setzen. Ihre Stunde naht und als der Abend sich niedersetzt, als
das Dorf sich zur Ruhe legt, gebärt sie ihr drittes Kind und siehe,
das erste hat ihren Wunsch erfüllt bekommen: es ist abermals ein
Knabe. Im frühesten Frühling, am 30. April 1885, einen Tag vor
den Maien Anbruch ward er zur Welt gebracht.

Sie nennen ihn Peter. Das ist ein alter Name in ihrem Geschlecht. Der Großvater mütterlicherseits und ein Bruder des Vaters tragen ihn. Nun wird es lebendig im Schulhause. Drei Kinder, von dem das älteste noch keine drei Jahre alt, wollen gehütet
und gepflegt sein – und die Eltern sorgen dafür, dass es geschieht.

Und doch ist´s auch damit nicht genug. Schulmeister müssen
mit guten Beispielen vorangehen. Noch sind keine zwei Jahre
verstrichen, da meldet sich der Storch abermals zu Gast. Diesmal
am 29. Januar 1887 ist es wieder ein Mädchen. Frieda ist der Ruf-
name, den sie dem Kinde geben. Auch dieses Geschöpf ist blü-
hend und gesund wie die anderen. Wird es noch weiter so gehen.
Wo drei ihre Nahrung und Pflege finden, da mögen es auch vier

und fünf Kinder mehr sein. Wie schreibt doch Onkel Fritz, der Bruder des Vaters, der immer fidele Junggeselle in seinem Tagebuch:

Peter Adolf, geb. 30.4.1885 (links), und sein Bruder Nikolaus Franz Christian, geb. 28.1.1884 (rechts). Foto: Archiv Andresen

Vier Kinder! Das ist eine richtige Quadrille, ein kleines Viergespann, das kräftig den Ehewagen ziehen kann. Vier Kinder! Mutter hat genug zu tun. Sie weiß wohl, dass nun acht kleine Wangen und Ohren zu waschen sind, acht kleine Hände und Augen zu beschäftigen, acht kleine Füße, die Strümpfe und Stiefel schleißen, aber auch acht rote Lippen zum Küssen. Auf den Knien eines rechten Vaters ist Platz genug für vier Kinder und wenn er das älteste auf die Schulter krabbeln lässt, so ließe es sich wohl machen, dass ein kleiner Platz übrig bleibt für – das fünfte! (kann nach Belieben fortgesetzt werden)

An einer anderen Stelle seiner inhaltsreichen Tagebücher schildert dieser fein beobachtende Onkel das Leben im Scheggerotter Schulhause wie folgt:

...Ich bewohne hier die Wohnstube, bin den größten Teil des Tages allein. Wenn Franz nicht in der Schule ist, macht er Reisen, bald hierbald dorthin. Er hat mehr „laufende Geschäfte" zu bestreiten als er fertig bringen kann, was alles der bevorstehende Umzug verursacht. Anna ist aus demselben Grunde mit häuslicher Arbeit überhäuft.

Damit die ländliche Stille nicht gar zu fühlbar wird, sorgen vier Stammhalter für die nötige Musik, die freilich zum größten Teil aus Misstönen besteht. Aus meiner Stube sind sie so ziemlich verbannt, in der daranstossenden Küche und Kinderstube wird jedoch aufgespielt, ich habe also den Genuss aus nächster Nähe. Müssen sich die Gesellen wegen schlechten Wetters binnen aufhalten, so hört man in der Regel stets einen schreie, mitunter mehrere. – Nikolaus ist darin der Leistungsfähigste. Sein Geschrei ist eigentlich mehr Gebrüll, das man auf weite Entfernung vom Hause noch wahrnehmen kann, ganz besonders, wenn als 4½ Junge

Wegen „Vollmachung der Hosen" abgestraft wird. Ein so eigensinniger und steifsinniger Junge wie dieser Knabe ist mir noch nicht vorgekommen. Weder mit Gutem noch mit Gewalt lässt er sich kaum beruhigen, wenn er ins Brüllen kommt und er seinen Willen nicht durchsetzen kann. Ich glaube, er ließe sich eher halbtot schlagen, ehe er gehorchen würde. Der Junge macht seinen Eltern viel Arbeit und viel Kummer und Verdruss. Man kann sich nicht darüber wundern, wenn der Missmut oder die Verstimmung mal zum Vorschein kommt, so besonders bei Franz.

Beim kleinen Peter, sonst ein guter und ruhiger Junge, scheint das böse Beispiel anzustecken. Frida, das Nesthäkchen, ist jedenfalls die Beste von allen. Sie kann eine ganze Stunde ruhig bei mir im Sofa sitzen und sich mit einigen Spielsachen beschäftigen.

Frieda Andresen, geb. 29.1.1887. Foto: Archiv Andresen

Und noch an einer dritten Stelle sagt derselbe launige Onkel Fritz, der in diesen Sommertagen nach der Schulmeisterei in Scheggerott eingeladen wurde, um für seine schwere Lungenkrankheit Ruhe und Erholung auf dem Lande zu finden:

Es waren stille Tage, was man hier in der Schulmeisterei sonst nicht gewohnt ist. Ich war mir viel selbst überlassen, da Franz entweder in der Schule oder sonst wo beschäftigt war. Franz ist hinsichtlich meiner Pflege sehr aufmerksam und besorgt, sucht mir alles so gemütlich und behaglich einzurichten, wie nur irgend möglich. Selbst für die kleinste Kleinigkeit hat er ein offenes Auge.

Am Freitag feierte die Schule ihre alljährliche Gilde im Wirtshause des Dorfes. Die Schulfahne, mit der sie in den letzten Jahren mit den umgekehrten deutschen Reichsfarben – rot-weiß-schwarz – wohl so stolz herumgezogen sein mögen, wurde vor Beginn der Festlichkeiten „berichtigt". Als die Kinder nach Beendigung des Vogelschießens bzw.

Ringfahrens am Mittag mit Fahne und Musik nach der Schule zurück-
kehrten, ließ Franz sie im Garten in einem Halbkreis zusammentreten,
stellt sich selbst in die Mitte und hielt eine Ansprache an – mich, den
„kranken Mann", mir in seinen Worten meine baldige volle Genesung
wünschend – ein Hoch auf die Kinder und ein Tusch der Musik folgte.

Aber den guten Onkel Fritz war diese Genesung nicht be-
schieden. Nach wenigen Monaten trägt man auch ihn zu Grabe,
ein hartes Geschick für alle, die ihn gernhatten – und es gab wohl
wenige aus dem Kreis seiner Verwandten und Bekannten, die
ihn nicht schätzten. Seine Unverzagtheit, sein Humor, dessen
Wurzeln in das Erdreich einer gar ernsten Lebensauffassung
schlugen, schufen ihm einen Freund nach dem anderen. Was
schrieb Onkel Fritz? „Der bevorstehende Umzug!" Ja, schon wieder will man sein Heim verändern. Auch dieser kleine Ort mit
seiner einklassigen Schule scheint dem Lehrer keine Bleibestätte.

Seine Fähigkeiten, sein Schaffensdrang gepaart mit dem
Wunsche, seiner Familie eine auf materiellen Grund eine gesi-
cherte Zukunft zu verschaffen, ziehen ihn fort. Er hat sich nach
Sörup, dem größten Dorfe im Angellande und nach Ulsnis an der
Schlei beworben. Am liebsten geht er wohl nach Sörup. Der Ort
liegt an der neu geschaffenen Bahnstrecke nach Kiel nach Flensburg – während Ulsnis noch weit ab vom Verkehr der Neuzeit
fast ein Dornröschenschlaf an den Ufern der Schlei träumt. Hier
zwar handelt es sich um die Stellung eines ersten Lehrers an der
zweiklassigen Schule und eines Organisten an der Kirche. Die
Gemeinde Ulsnis, welche von seinen Fähigkeiten, seinem Wesen
und seinem Pflichteifer erfuhr, setzt alle Hebel in Bewegung, um
ihn an sich zu ziehen. Es glückt ihr. Seine Entscheidung, nach
Ulsnis zu gehen, ist für die Familie von weittragender Bedeutung, denn nun hebt eine Zeit von 25 langen wirkungs- und se-
gensreichen Jahren in einer kleinen Dorfgemeinde Angelns an,
eine Zeit, welche den Wert seiner Persönlichkeit erweist, welche

seine von ernster Pflichterfüllung getragene Schaffenskraft unstreitig zur vollsten und schönsten Entfaltung bringt.

Die 25 Jahre als Lehrer und Organist in Ulsnis, als Mitbürger unter den Menschen des Dorfes, als strebender sorgender Gatte und Vater der gesunden Kinderschar ist in dem Leben dieses Mannes, meines Vaters, sind in ihrer Art von einer solchen Geschlossenheit, dass ich nicht umhin kann, an dieser Stelle einen Einschnitt im Ganzen des vorgefassten Werkes zu machen.

Die Ulsnisser Jahre, die, in welchen auch ich geboren und den glücklichen Verhältnissen vor dem bitteren Einschnitt von 1914 aufgewachsen bin, bilden auch in dem Leben meines Vaters, einen besonderen Abschnitt, der vor den Jahren und nach ihnen zu trennen ist.

Ich löse mich somit von einer Zeit, die ich halb aus den dürftigen Kenntnissen von dem Leben meines Vaters bis zu diesem Zeitpunkte, halb aus visionären Eindrücken zu schildern suchte und trete in eine neue, die ich mit größerer Klarheit, weil sich in ihr meine eigene Kinderzeit vollzog, darzustellen vermag – auch wenn es gilt, die Gestalt dieses Vaters zu zeichnen.

Blick über die Schlei auf Rieseby. Federzeichnung von Theodor Andresen, Archiv Andresen

ERSTER LEHRER UND ORGANIST IN ULSNIS 1888 – 1913

Die Kirche von Ulsnis an der Schlei. Federzeichnung von
Theodor Andresen, Archiv Andresen

Das Kirchdorf Ulsnis liegt in anmutiger Südangler Landschaft
am Nordufer der Schlei, etwa in der Mitte zwischen den Städten
Schleswig und Kappeln. Neun Hufen üblicher Angler Größe,
Meierei, Schule, die Wohnstätten von Handwerk- und Gewerbe-
treibenden bilden die dörfliche Gemeinschaft. Der eigentliche
Mittelpunkt ist dort, wo das schöne große Schulhaus liegt. Hier
laufen zwei bzw. drei Straßen zusammen. Dieser Teil des Dorfes,

in welchem auch die um die Jahrhundertwende erbaute Genos-
senschaftsmeierei liegt, erstreckt sich in einer Talsenkung, welche ein Bächlein, der Schlussbeck genannt, durchfließt. Verfolgt
man die Straße nordwärts, kommt man nach einer Fußwanderung von kaum 10 Minuten hinauf zur Kirche. Sie ist ein schlich-
ter, langgestreckter Bau. Schneeweiß getünchte Mauern leuchten
weit ins Land. Auf dem blaugrauen Schieferdach erhebt sich ein
schlanker, stattlicher Dachreiter, dessen Spitze ein wenig die
Kronen der Eichen überragt, die am Steinwall des Friedhofs entlang diesen umsäumen.

Der auf einem bronzezeitlichen Grabhügel errichtete Glockenturm
von Ulsnis. Federzeichnung von Theodor Andresen,
Archiv Andresen

Östlich vom Totenacker erhebt sich auf einer Anhöhe, ein hölzerner Glockenturm, dessen pyramidenförmiges Dach heute noch mit alten Holzschindeln gedeckt ist. Aus den zum Teil verdorrten Gipfeln der alten Eichen und Buchen ringsum schaut die auf einer schiefen Stange befestigte Wetterfahne hervor. Von dem Fuße des Turmes hat man einen herrlichen Blick über die im Vordergrunde sich erstreckenden Weiden und Äcker, die von den dunkelblauen Knicks eingefasst werden, über die saftgrünen Wiesen der Schlei, über die Bauernwälder Bondery und Hagab, über das silberne, buchtenreiche Band der Schlei bis hinüber nach Schwansen, dessen gleichfalls liebliche Landschaft durch Wald, Hügel, Weide und Acker gekennzeichnet ist. Drüben am Horizont auf der Höhe heben sich vor dem hellen Himmel die Umrisse von Rieseby und der Mühle von Horby ab.

Doch zurück zum Schulhause. Es ist, erbaut in den 40er Jahren des 19. Jahrhunderts, ein Gebäude, welches man in seiner Art selbst unter den Schulhäusern Angelns selten findet. Wohl ist auch dieses Haus mit Stroh, oder richtiger gesagt, mit Reet bedeckt, wie das in jener Zeit üblich war. Eine Besonderheit aber ist es, wenn die eigentliche Zimmerhöhe über das gewöhnliche Maß hinausgeht. Sonst wird man in den Bauernhäusern alter Bauart im Allgemeinen eine unserer Zeit nicht mehr genügende niedrige Lage der Decke vorfinden, sodass auch die Fenster nur niedrig gehalten sind. Bei dem Schulhause hingegen hat man – vielleicht mit Rücksicht auf die Schulklassen – die Zimmerhöhe beträchtlich vergrößert. Dadurch entsteht eine größere Geräumigkeit, die auf den, der sich in solchen Räumen aufhält, ohne Zweifel einen angenehmen Eindruck erweckt. Hinzu kommt noch, dass Strohdächer im Sommer kühl, im Winter aber warmhalten. Unzählige Male haben meine Eltern von Menschen, die nie zuvor unsere Wohnung betreten, beim Eintritt ins Haus die Worte hören müssen: „Welche schöne Zimmer!" – Was diese Stuben, diese Winkel, diese Gänge und Treppen, diese geheimnisvolle große Boden unter dem steilen von einem Netz von

Spinnweben überzogenen Dach alles bedeuten, vermag nur der zu sagen, der eine ganze schöne freie Kinderzeit in und auf ihnen zugebracht, dort gespielt, geschafft und geschlafen hat.

Die Schule in Ulsnis. Federzeichnung von Theodor Andresen, Archiv Andresen

Im östlichen Hügel unseres Hauses befanden sich die Klassenzimmer der zweiklassigen Dorfschule, in der Mitte und im westlichen Flügel die Wohnung. An der südlichen Frontseite lag ein gepflegter Zier- und Blumengarten. Durch die breite Haustür trat man hinein auf die Vordiele, welche in meiner ersten Kindheit noch mit gelben Ziegelsteinen ausgelegt war, später mir Brettern. Die Vordiele war unser Ess- und zeitweilig auch Wohnzimmer im Sommer. Wenn die Tür geöffnet stand, dann genoss man einen köstlichen Blick auf den blumen- und rasenreichen Garten, der von der Dorfstraße durch einen hohen Dornzaun abgeschlossen war. Die Hauptausstattungs- und Schmuckstücke waren ein schwerer Eichenschrank im Barockstil, eine gleichfalls aus Eiche gearbeitet etwa 150jährige eisenbeschlagene große Truhe und später eine wertvolle Standuhr aus dem Jahre 1816, alles Gegenstände von den bäuerlichen Vorfahren unseres Vaters.[5]

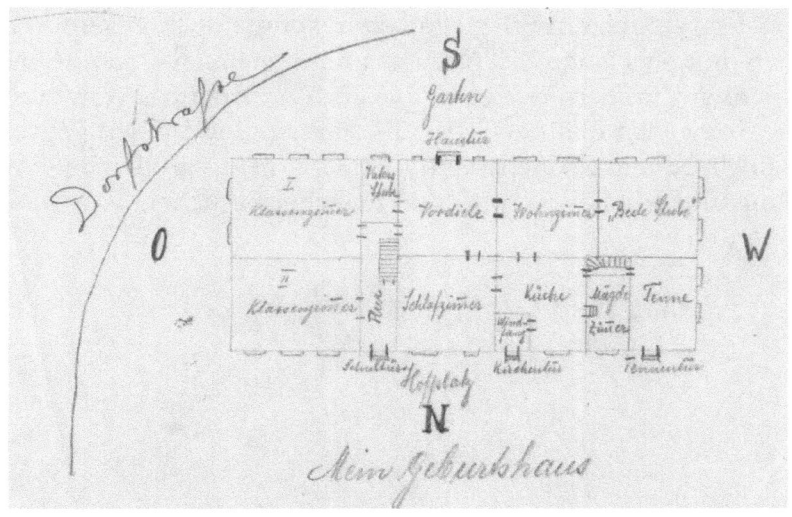

Grundriss der Schule und der Lehrerwohnung zur Zeit der Andresens. Skizze von Theodor Andresen, Archiv Andresen

Nach Westen schloss sich das Wohnzimmer an, ein behaglich eingerichteter Raum. Sauberkeit und Wohnlichkeit herrschten in

---

[5] Die Angliter Standuhr aus Cedernholz von 1816 hatte die Großmutter von Franz Andresen, Maria Dorothea Matzen aus Markerup (1789-1861), als Brautgabe erhalten. Sie ist ein Meisterwerk der alten Angliter Uhrmacherkunst, von Dietrich Schwarck in Südensee hergestellt. Die Uhr befindet sich heute bei meiner Cousine Tina Andresen in Hillerød, Dänemark.

unserem Hause und ich wüsste mich nicht zu entsinnen, dass jemals ein Zimmer im unordentlichen Zustande da gelegen hätte. Viel Sorgfalt wurde auch auf die Fußböden verwandt. Ihre große Glätte trug manchmal unserer Mutter, die es doch wahrlich gut meinte, Vorwürfe und Ermahnungen ein. In den Fenstern standen immer dicht beieinander die verschiedenartigsten Topfgewächse, sorglich in Pflege gehalten, konnte doch unsere Mutter sich morgens lange Zeit mit ihren Blumen beschäftigen. Auch in anderen Zimmern, wo eben nur ein Plätzchen frei war, brachte sie ihre vielen Blattgewächse, Ziertannen und Linden in großen Kübeln oder auf hohen Ständern unter, oft zur großen Bewunderung und wohl auch zum Neid mancher Besucher.

Die Standuhr von 1816. Federzeichnung von Theodor Andresen, Archiv Andresen

Zur Behaglichkeit des Wohnzimmers trug auch der bis an die Decke reichende weiße Kachelofen bei. Nebenan, abermals nach Westen, lag das sogenannte „Beste Zimmer". Der Name sagt schon, dass es nur bei festlichen Gelegenheiten benutzt wurde und daher wurde es wohl in meinem Kinderherzen zu einem gewissen Heiligtum, das man zu alltäglicher Zeit nur ganz vorsichtig betreten durfte, vor allen Dingen nicht mit unsauberem Fußzeug.

Auch hier Blumenpracht, solide Möbel, blitzweiße Gardinen und ein spiegelblanker Fußboden. Den eigenartigsten Eindruck hat dieses Zimmer jedes Mal auf mich gemacht, wenn die Strahlen der sinkenden Abendsonne durch die westlichen Fenster fielen. Es lag dann über allem ein warmer, goldener Glanz von einer besonderen, wohltuenden Eindringlichkeit, dass ich das nie in meinem Leben vergessen werde, sobald meine Erinnerungen mich dorthin zurückführen. An der Nordseite lagen das Schlafzimmer und die Wirtschaftsräume, diese umfassend Küche, Keller und Tenne, letztere ein Raum, der früher, zum Ausdreschen des Getreides diente. In meiner Kindheit wurde die Tenne nur zur Aufbewahrung von Kartoffeln, Obst und anderen häuslichen Sachen. Bei schlechtem Wetter war es wohl auch unser Spielraum. Im Winter wurde hier das selbst gezüchtete Schwein zerlegt und verarbeitet, eine Begebenheit, die manche liebe Erinnerungen in mir wachruft. Über dem Keller befand sich, ein wenig erhöht, die „Kellerstube", das Zimmer der Mägde.

Noch muss ich einen Raum erwähnen, das Arbeitszimmer des Vaters, oder wie es kurz genannt wurde: Vaters Stube. Es lag an der Südfront, östlich der Vordiele und war mit 2 Bücherborden, einer „Etagère", einem Schrank sowie Tisch und Stuhl ausgestattet. In diesem kleinen, schmalen Gemach, das nur ein Fenster zum Garten hinaus hatte, habe ich als Kind oft und gerne geweilt, mich beschäftigend mit meinen Spielsachen, die im Schrank verwahrt wurden, aber auch stundenlang blätternd in den unzähligen Büchern, in denen es so mancher schöne Bilder gab. Später diente mir Vaters Stube als Schlafzimmer.

Das Arbeitszimmer von Franz Andresen in Ulsnis.
Zeichnung von Theodor Andresen, Archiv Andresen

Unter dem Dach des Hauses befand sich der große, geräumige Boden. Wenn ich ihn mir im Geiste wieder vorstelle, jeden einzelnen Winkel, das hohe starke Balkengerüst mit den vielen dichten Spinngeweben, mit den beiden mächtigen, ein wenig schiefen Schornsteinen, so geschieht das nicht, ohne mir dabei der geheimnisvollen, vielleicht sogar etwas von Schauer erfüllten Stimmung inne zu werden, die er stets in meinem kindlichen Gemüt hervorrief. Das steile dicke Reetdach ruhte auf zahllosen Sparren und Balken, welche kreuz und quer zum First emporstiegen. Die Bretter des Bodens waren zum Teil schadhaft. Noch heute entsinne ich mich der Stellen, wo das Holz beim Auftreten etwas nachgab. Seltsam nahmen sich auch hier die Geräusche aus, die man von draußen durch das Piepsen der Sperlingsschar, die in großer Zahl im Dache nistete, vernahm. Wenn nun schon aus all diesen Gründen das Betreten des Bodens bei Tage eine eigenartige Stimmung hervorrief, so war es für das Kind zur Dämmerstunde oder gar der Dunkelheit ein Unternehmen, das es mit Angst erfüllte. Musste es sein, dann geschah unter größter Eile, war es doch, als lauerten in all diesen dunklen Winkeln, aus dem Gewirr der Balken, Kisten und Gerümpel, hinter den Schornsteinen hervor Kobolde und Gespenster, die nun gleich mit einem Satz auf den Rücken springen und an die Gurgel packen würden. Dazu kam noch, dass uns Kindern wegen der Feuersgefahr streng verboten war, mit offenem Licht den Boden zu betreten. Man musste sich eben so gut es ging an Balken und Schornsteinen oder auch an aufgespannten Wäscheleinen entlang tasten. Um keinen Preis hätte man dann noch innegehalten – nur schnell vorwärts und so bald wie möglich wieder die Treppe hinunter. Aber ich könnte den Boden meiner Kindheit doch nicht missen – er gehört dazu und ist ein Stück dieser Kindheit.

Und nun der Hofplatz und Garten. – Der Hofplatz lag an der Nordseite des Hauses und hatte, da er vornehmlich als Spielplatz für die Schulkinder Verwendung fand, eine beträchtliche Ausdehnung. So fanden wir Kinder für unser Spiel genügend Platz in unmittelbarer Nähe des Hauses und wir haben wahrlich diese Gelegenheit zu Spiel und Zeitvertreib gründlich genutzt. Das Schönste an diesem Platz war, dass er zu einem großen Teil unter dem Schutze einer hohen, stolzen Pappel lag. Dieser Baum war der höchste in weitem Umkreis und darum schon aus der Ferne ein Erkennungszeichen für unser Elternhaus. Ich denke auch wieder an das Rauschen seiner Blätter, die selbst bei dem kleinsten Lufthauch erzittern, ein Rauschen, das bald ein leises Wispern war, bald ein Brausen, wenn in stürmischen Nächten der Wind durch seine Zweige fuhr. Mit Wehmut sah ich eines

Tages, aus der Stadt heimkehrend, dass die schöne stolze Pappel nicht mehr stand, dass man die Axt an ihren Stamm gelegt und dass nun das lange Dach des Elternhauses und der Spielplatz kahl und leer bleiben. Doch – wenige Schritt von dort, wo damals die hohe Pappel stand, wächst heute ein junger Lindenbaum empor, als Bäumchen von unserem Vater gepflanzt, der heutigen und kommenden Jugend Schutz gewährend wie es einst die Pappel tat.

An den Hofplatz schloss sich der große Gemüsegarten an, der stets sorgsam und sauber gepflegt wurde unter der Hand und Aufsicht unseres Vaters. Wie unsere Mutter für Haus und Blumen sorgte, so unser Vater für seine Gärten. Und hier gab es viel zu schaffen, ganz besonders auch für uns Kinder. Im Frühjahr musste das Land umgegraben, besät und bepflanzt werden. Im Sommer galt die Arbeit dem Gemüse, seiner Pflege und Ernte wie auch der Vernichtung des Unkrauts, im Herbst reifte das Obst und musste gepflückt werden, auch waren die Kartoffeln zu ernten und schließlich musste alles Land abermals umgegraben werden. Wir hatten viel Obst in unserem fruchtbaren Garten, Äpfel und Birnen verschiedener Sorten, groß, saftig und wohlschmeckend, Pflaumen, rote fleischige, grüne und gelbe, die länglichen Zwetschgen, Hasel- und Walnüsse, nicht zu vergessen all die Beerenfrüchte wie schwarze und rote Johannisbeeren und Stachelbeeren in allen Größen. Es gab Tage zur Zeit der Reife, an denen wir fast nur vom Obst lebten. Die größte Freude unseres Vaters war es, von seinen Obstschätzen an Verwandte, Bekannte und Nachbarn zu verschenken. Nur in seltenen Fällen verkaufte er etwas davon und dann auch nur zu spottbilligen Preisen. Im oberen Teil des Gartens breitete sich unter alten Pflaumenbäumen ein grüner Rasen. Hier haben wir Kinder uns oft getummelt und die großen grünen und gelben Pflaumen von ihm aufgelesen. – Unzählige Erinnerungen knüpfen sich an diesen Garten mit seinen reichen Schätzen: wie oft lief ich die sauberen Steige entlang, wie oft saß ich in den schwer hängenden Obstbäumen und pflückte die köstlichen Früchte in die Körbe.[6]

Das Dorf Ulsnis lag zu jener Zeit, als mein Vater dorthin kam, seitab vom großen Verkehr. Damals bestand erst seit kurzer Zeit die Bahn Flensburg-Kiel, die aber eine Meile von Ulsnis entfernt das Land durchschneidet und die Schlei überbrückt. Die Kreisbahn Schleswig-Kappeln wurde später erbaut und auch die Ulsnis am nächsten liegende Station Steinfeld ist erst nach einer Fußwanderung von einer ¾ Stunde zu erreichen. Das hauptsächlichste Beförderungsmittel zu jener Zeit waren also Pferd und Wagen. Die Stille des Dorfes unterbrachen kein Fabriklärm und kein Autosignal. Rollende und klappernde Bauernwagen, Kuhgebrüll und Hundegebell, das waren in jenen Tagen wie auch in der Zeit meiner Kindheit die stärksten Laute des Tages, die feineren aber wohl ein Hahnenschrei, Hühnergegacker und schließlich das Zwitschern und Singen der Vögel in Gärten und Knicks – dazwischen in regelmäßigen Abständen der feine, helle Stundenschlag der Turmuhr des Kirchleins dort oben auf der Höhe.

Soll ich nun noch etwas sagen über die Bevölkerung des Ortes im Allgemeinen? Dann müsste es geschehen unter dem Hinweis darauf, dass dieser Südangler Volksschlag sich ohne wesentliche Unterschiede völlig in die Gesamtart der Bewohner der Landschaft Angeln einfügt. Wohl vermag der Kundige, der fein Beobachtende, vor allem der Einheimische zu bemerken, dass hier und da Eigenarten sind, die den Bewohner dieses Landstrichs von dem nördlichen Nachbar, dem Nordangler unterscheiden. So wenn es Sitte und gewisse kulturelle Einrichtungen in Haus, Hof und Feld betrifft, in besonderem Maße auch, wenn man den oft eigenartigen Wendungen der Volkssprache, dem Platt- oder

---

[6] Die Beschreibung der Schule ist hier eingefügt aus: Theodor Andresen, Tage der Kindheit (Flensburg 1937), hrsg. von Dirk Meier (Flensburg 2010).

Niederdeutschen nachgeht. Aber das sind nur Dinge, die mehr die spezielle Forschung eines Wissenschaftlers interessieren. Unser Vater, Nordangler von Geburt, wird nach dieser Seite hin kaum wesentliche Schwierigkeiten bei der Einstellung auf die neue Umgebung gehabt haben. Er war ja ein Mensch, der mit Jahrhunderten aus dem Blut der Menschen dieser Landschaft erwachsen war. Seine tiefe Verbundenheit mit dieser Heimat, die Liebe zu ihr mögen der eigentliche Grund gewesen sein, dass er all die Jahre seines Berufes in ihr geblieben ist, obwohl er vielleicht auf Grund seiner Begabung und seiner guten Zeugnisse die Möglichkeit gehabt hätte, andernorts, namentlich in einer größeren Stadt materiell ein besseres Fortkommen zu erzielen.

Ende Juli/August des Drei-Kaiser-Jahres 1888 geht der Umzug von Scheggerott nach Ulsnis vonstatten. Es ist für die Frau und Mutter ein unglücklicher Zeitpunkt. Zum fünften Male sieht sie ihrer Niederkunft entgegen. Aber die Gemeinde Ulsnis drängt auf Antritt der Stellung. Der Unterricht ist ohnehin schon seit langer Zeit, weil ein Lehrer fehlt, ausgesetzt.

Ich entsinne mich gut der Erzählungen meiner Eltern, wenn sie von diesen ersten Tagen und Wochen in Ulsnis sprachen. Es ist für sie offenbar anfangs recht schwer gewesen, sich einzuleben. Das mag verschiedene Gründe gehabt haben. Zunächst ist es ja immer ein eigen Ding, das Erbe eines Menschen zu übernehmen, der, von ganz anderer Art, viele Jahre seinen Acker nach eigenen Methoden bearbeitet, dass alle in fortschrittlichem Sinne strebenden Menschen sagen müssen: Der züchtet ja Unkraut statt Weise.

Der Vorgänger meines Vaters hatte offenbar in recht eigenwilliger Art durch eine lange Reihe von Amtsjahren hindurch so gehandelt. Zunächst einmal was seinen Beruf betrifft, war er im Unterricht mit wenig Sorgfalt, Liebe und Eifer bei der Sache gewesen. Und das Schlimmste war: die Disziplin hatte bei ihm versagt. Die Schulklasse war völlig verwahrlost. Viel Unkraut, allzu viel, hatte sich breit machen können. Nun kommt ein junger Lehrer von 32 Jahren und soll sich ans Werk machen, soll neuen Samen säen. Da gilt es zunächst, mit harter, fester Hand das üppig wuchernde Unkraut, das die ganze Erde bedeckt, auszuroden, zu vertilgen und das urbar gemachte Land mit junger keimfähiger Saat zu behandeln. Ein mühevolles Stück Arbeit. Und wie sieht es im Hause aus, in Hof, in der Scheune, der Garten.

Überall dasselbe Bild. Wie sind die schönen Zimmer nur missbraucht worden. Wie sind gerade die schönsten, freundlichsten Stuben zu Rumpelkammern erniedrigt worden. Der schöne Flur! Man braucht nur die Haustür zu öffnen, um in einen herrlichen Blumengarten zu blicken. Aber nein. Auch hierfür hat der Mann keinen Sinn gehabt. Ein halbverrosteter Schlüssel steckt im gleichfalls eingerosteten Schloss, man muss mit Gewalt die Tür öffnen und auch dann noch ist der Ausgang versperrt von einem Gewirr von Ranken und Unkraut. Ja, diese schöne Gartenfläche, aus der sich so viel machen ließe, ist völlig verwahrlost. Der junge Lehrer schaut mit Betrübnis auf dieses urwaldähnliche Gestrüpp. Aber zugleich erkennt er auch, wie viel dankenswerte Arbeit darangewendet werden kann. Er hat beim ersten Blick seinen Plan im Kopfe.

Und die Menschen? Nun, hier muss man langsam verfahren, erst einmal Stellung nehmen. Kinder und Garten lassen sich leichter beackern als erwachsene Menschen. Die sind zunächst einmal zugeknöpft, besonders wenn sie vom Menschenschlage eines Anglers sind. Sie sind dem Fremdling wie ein Stück Land, dessen Eigenart man nicht bei dem ersten Spatenstich erkennt. Da muss erst probiert werden. Das weiß auch der junge Schulmeister und fürchtet sich nicht davor.

Der Möbelwagen hält vor der Tür. Sachkundig packen die Träger ein Möbelstück nach dem anderen an und tragen es ins Haus. Die Räume, die Ecken, die Winkel sind unersättlich. Es ist eine Lust, in eine solche Wohnung zu ziehen. Platz ist genug da.

Die Mutter macht sich bereits Sorgen, wie das alles nur zu bewohnen sei. Der Vater beruhigt sie: „Kümmere du dich nur nicht drum." Und wenn sie hier anfassen will und dort, drängt sie der Mann zur Seite: „Bleib du nur ruhig sitzen, du kannst kommandieren so viel du willst, aber anfassen gibt es bei deinem Zustande nicht."

Am zweiten Tage sieht es schon anders aus. Am dritten geht's an Gardinen und Bilder. Die Schwester des Vaters und eine Frau aus dem Dorfe leisten Hilfe. Vom ersten Tage an steht der Vater vor seiner Klasse. Am vierten kommen die Kleinen. Nun wird's lebendig im Hause. Wie sie sich freuen, eine neue Umgebung zu durchforschen. Die Mutter kann das Lärmen, Schreien, Versteckspielen kaum ertragen. Der Vater muss mit ernsten Worten dazwischenfahren. Dann bricht der 28. August an. Zum 5. Male fühlt die Frau und Mutter ihre schwere Stunde kommen.

Es ist ein Mädchen. Da stehen die vier im Alter von 1½ bis 6 Jahren an der Wiege und staunen mit großen Augen auf das kleine Wesen, das nun in ihre Gemeinschaft getreten. Marie Catharine wird es in der Taufe genannt.

Aber kurze Zeit darauf senken sich abermals Schatten des Todes hernieder. Es ist ein unablässiges Aufflammen und Erlöschen, das in diesen Jahren den Kreis der Familie erhellt und verdunkelt.

Am 25. Oktober schließt der lebenslustige Bruder und Onkel Fritz für immer die Augen. Die alte Mutter in Wees trauert mit ihren gebliebenen fünf Kindern an der Bahre dieses Jüngsten. Er war ja das Nesthäkchen und als solcher wohl ein wenig anderer Art als die älteren Geschwister, ein wenig leichteren Blutes, aber sonst ein guter Kerl, der überall wohin er kam. Freude und Lachen brachte, denn nie versiegte sein köstlicher Humor, der wohl im Blut der Familie lag, der aber bei ihm am markantesten zur Entwicklung gekommen war. Ihm war in seinen jungen Jahren – er starb im 28. Lebensjahre – ein schweres Geschick auferlegt.

Jahrelang musste er die Leiden einer unheilbaren Lungenkrankheit ertragen. Er nahm das anfangs nicht ernst, aber am Ende merkte er, woran er war und in den letzten Wochen schwand auch der letzte Rest seines Humors. Er sah nur vor sich das offene Grab.

Kaum ist für das Schulhaus in Ulsnis ein volles Jahr verstrichen, da kommt wieder Hiobspost. Der Gastwirt und Grobbäcker Peter Petersen liegt auf dem Krankenlager. Eine schwere Influenza hat ihn gepackt. Er vermag sie mit seinen 58 Lebensjahren nicht zu überwinden. Am 13. Januar 1890 gibt er seinen Geist auf. Auch dieser Tod reißt eine tiefe Lücke. Frau und acht Kinder trauern um diesen so arbeitsamen und stets für seine Familie sorgenden Mann und Vater. Die älteste Tochter, die junge Mutter in Ulsnis, empfindet diesen Verlust besonders tief. Sie hat mit großer Liebe an ihrem Vater gehangen, ja, sie erbte sein Blut. Sie fühlt es, wie das Duldsame, das in ihrem Wesen liegt, von diesem Vater kommt. Er ist, als sollte sie, die doch im 34. Lebensjahre steht und eine gesunde Mutter von fünf blühenden Kindern ist, in diesen Jahren sich weitenden Familienglücks nicht aus den Kleidern der Trauer kommen. Aber wo Glück ist, da ist auch viel Sorge und Leid, wo eine vielköpfige Familie, da muss beständig mit bitteren Erlebnissen gerechnet werden.

Wieder zieht der Winter von dannen, wieder blühen drüben am Schlussbeck die gelben Schlüsselblumen, wieder lässt der Kuckuck seinen melodischen Ruf vom nahen Bondery her erschallen. Der Sommer ist da. Schon dringt von drüben, von Nachbar Marxens Garten ein bekannter Laut durch die dörfliche Mittagsruhe. Da sitzt der Knecht und dengelt seine Sense, denn morgen geht's los, morgen muss der goldgelbe Roggen dran glauben.

Es ist der 27. Juli des Jahres 1890. Auf dem Scheunendach bei Nachbar Schmidt steht Meister Langbein und klappert, dass es eine Lust ist. Er klappert ein neues Wesen im Schulhaus ein. Das sechste Kind liegt in der Wiege und kreischt, dass es der Mutter fast zu viel wird. Nun sind es vier Mädchen und zwei Knaben. Der Schulmeister scheint das Übergewicht auf das weibliche Geschlecht zu legen. Vielleicht ist's auch besser, denn der Nikolaus vollführt mit seinen 6 Jahren schon Streiche, wie sie kaum ein 12jähriger zu Wege bringt. Freilich, als er diese neue Spielgenossin betrachtet, meint er: „Lieber hätt' ich 'nen Bruder gehabt, die Mädchen kann man nicht so gut verprügeln." Dabei blickt er hinüber zu seinem Bruder Peter, dem Objekt seiner Herrschernatur. Anna Amalie, so lautet in diesem Fall ihr Name.[7]

Vater · Nikolaus · Anna · Mutter · Dorothea · Peter
Mariechen · Frieda
1891

Die Lehrerfamilie Andresen in Ulsnis 1891. Foto: Archiv Andresen

---

[7] Anna Amalie Andresen sollte alle ihre Geschwister überleben, sie starb am 15.10.1975 in Flensburg. Sie erzählte mir viel von Ulsnis.

Und nun folgen für das Schulhaus in Ulnsis eine Reihe von bitteren Jahren. Schon im nächsten, am 20. März 1891, stirbt der älteste Bruder des Vaters Jens Peter, jener, der den väterlichen Hof zum großen Leidwesen der Mutter verkaufte. In der Blüte der Mannesjahre scheidet er von ihnen. Drei Söhne sind nun dahin. Die Reihe der Geschwister lichtet sich. Nur noch zwei Brüder und zwei Schwestern sind geblieben.

Wenn der Tod die Tür eines Hauses öffnet und unerbittlich unter den frohen Kreis der Lebenden tritt, dann geschieht es oft, dass er sich bald heimisch fühlt und sich auf eine lange Zeit in diesem Kreis niederlässt. Nichts kann ihn fortlocken und mit gelassener Miene hockt er da und sucht sich ein Opfer nach dem anderen aus. Ja, es ist als habe er seine satanische Lust daran, nach dem Jüngsten zu greifen.

Anfang der 1890er Jahre herrschte im Lande eine furchtbare Epidemie. Die Diphtherie riss große Lücken unter den Menschen. [8] Namentlich die Kinder wurden von dieser heimtückischen Krankheit befallen, deren Bekämpfung den Ärzten noch große Schwierigkeiten bereitete. Eine Impfung, wie sie später mit Erfolg durchgeführt worden ist, sodass diese Krankheit, wenn sie nur in den Anfängen erkannt wird, heute mit Leichtigkeit vertrieben wird, kannte man nicht. Waren die ersten Symptome da, riet man aus Furcht vor Ansteckungsgefahr zu schnellster gründlicher Isolierung des Kranken. Durch Gurgeln und Medikamente suchte man Einhalt zu gebieten. Wurde die Erkrankung schlimmer und das geschah meist nach wenigen Tagen, schritt man zur Operation, zu dem so gefürchteten Kehlkopfschnitt, der in den meisten Fällen zum Tode führte.

---

[8] Eine bakterielle Infektionskrankheit der oberen Atemwege; 1889 gelang es dem Bakteriologen Emil von Behring, Kaiser-Wilhelm-Akademie Berlin, dagegen ein Serum zu entwickeln.

Auch in Ulsnis hatte die Krankheit in sehr schlimmen Maße Eingang gefunden. Im Schulhaus befällt sie zwei der Kinder. Am 22. November 1891 stirbt das älteste, Theodora, im Alter von neun Jahren nach einem schweren, schmerzvollen Krankenlager, am 28.1.1893 Frieda im Alter von sechs Jahren. Was dieser Verlust der gesunden blühenden Kinder für die Eltern bedeutet, mag jeder der Kinder sein Eigen nennt, selbst ermessen.

Die Lehrerfamilie Andresen 1893 nach dem Verlust von zwei Kindern mit Marie, Nikolaus, Mutter und Vater, Peter und Anna (von links nach rechts).

Franz Andresen hinterließ ein Büchlein, in welchem er mit sauberer Handschrift die ganze Erkrankung, das schmerzvolle Krankenlager, die Operation, den Tod seiner ältesten Tochter Thea ausführlich darstellt. Die „Erinnerungen an unsere heimgegangene, teure Tochter Theodora Catharine" sind von so ergreifender Art, weil unmittelbar unter dem Eindruck des Erlebten, sodass der Inhalt hier wiedergegeben sei.[9]

Mittwoch, d. 11. November 1891

An diesem Tage war unsere liebe Thea zum letzten Mal zur Schule. In der Vormittagspause sagte ich zu ihr, „Heute kommt vielleicht Deine Tante Maria.[10] Wenn die Schule geschlossen ist, kannst Du Ihr entgegen gehen." Nach Beendigung des Vormittagsunterrichts ging ich den Weg nach der Kirche, um zu erfahren, ob Thea Ihre Tante getroffen hatte. Unweit des Spritzenhauses kam Thea betrübt zurück. „Hast Du Deine Tante nicht getroffen?" „Nein – Sie kommt heute nicht. Ich will Ihr schreiben, dass Sie bald kommen soll." Abends in der Dämmerung machte Sie einen Gang nach Kirchenholz, um für Ihre Mutter ein Gewerbe [Gebinde?] zu besorgen.

Donnerstag, d. 12. November 1891

Morgens klagte Thea über Unwohlsein, Sie ging aber doch, ohne dazu aufgefordert zu werden, in die Schule. Nachdem Ihre Mutter mich von Ihrer Unpässlichkeit in Kenntnis gesetzt hatte, holte ich Sie aus der Klasse, bevor der Unterricht begonnen hatte. Vormittags spielte sie mit ihrer kleinen Schwester Anna. In der Pause verlangte Thea ihre Tafel, ihr Lesen- und Rechenbuch, worauf ich ihr dieses aus der Schule holte. Kurz vor Mittag kam Tante Maria an, worüber Thea und die anderen Kleinen sich sehr freuten. Am meisten Freude erweckte sie dadurch,

---

[9] Franz Andresen, Theas Krankheit
[10] Schwester von Franz Andresen

dass sie einen kleinen Hund mitgebracht hatte, dessen Ankunft die Kinder schon lange mit Ungeduld erwartet hatten.

Am Mittagstisch zeigte Thea einen guten Appetit. Es gab an diesem Tage einen bei ihr sehr beliebten Ofenkuchen. Nachdem ich für sie eine gute Portion auf ihrem Teller geschnitten hatte, scherzte ich mit ihr und sagte, „dass kannst Du doch gewiss nicht alles verzieren!" „Ja, antworte sie, das kann ich leicht all´ haben", und sie verzehrte auch die reichliche Portion.

Den Nachmittag verbrachte sie bei ihrer Tante in der Wohnstube. Ich war zu Heinrich Kolz Beerdigung (Sohn des Schmieds Kolz in Kirchenholz), am 8. November gestorben an Diptheritis im Alter von reichlich sieben Jahren. Als ich von der Beerdigung nach Hause kam, lag sie auf dem Sofa im starken in starkem Fieber. Wir brachen sie ins Bett. Eine Messung der Temperatur ergab 39 Grad Hitze, weshalb wir am Abend eine Gabe Aconit[11] verabreichten. Der Hals wurde untersucht, doch war nichts verdächtiges zu entdecken. In der Nacht schlief sie ziemlich ruhig, hatte aber einen röchelnden Atem.

Freitag, d. 13. November 1891

Sie blieb an dem Tage im Bett. Beschwerden irgendwelcher Art schien sie nicht zu haben, denn sie klagte über nichts. Der Appetit war befriedigend. Häufige Untersuchungen ihres Halses zeigten nur Röte im Schlund. Wir sahen ihre Krankheit nur als eine Erkältung an. Abends brachte ich ihr etwas Schokolade mit, wozu sie sich freute. In dem ersten Teil der Nach schlief sie sehr unruhig. Zu ihrer Tante, die später als wir zu Bett gingen, hatte sie gesagt: „Tante ich bin so durstig", worauf sie ihr zu trinken gab. Ihr Atem ging schwer und stark röchelnd.

Sonnabend, d. 14, November 1891

---

[11] Ein Schmerzöl

Nach ruhigerem Schlaf in den Morgenstunden schien sie am Morgen ganz wohl zu sein. Auf Befragen erklärte sie, ihr schmerze nichts. Appetit war gut. Als ich in der Vormittagspause bei Tante in der Wohnstube war, und Thea mich sprechen hörte, rief sie mich mit ihrer klaren, hellen Stimme zu sich und bat mich, ob sie am Mittag aufstehen dürfte, um bei ihrer Tante zu sein, die in der Wohnstube mit Näharbeit beschäftigt war. Ich antwortete, dass ich zuerst ihren Hals untersuchen müsste. Bei zweimaliger genauer Besichtigung entdeckte ich gelbe Streifen an der einen Seitenwand in der Rachenhöhle. Ich wurde sehr erschreckt, da ich das Vorhandensein der gefährlichen Halskrankheit befürchtete. Schnell wurde der Entschluss gefasst, sofort ärztliche Hilfe herbei zu rufen. Gleich schloss ich die Schule, um den Arzt de la Motte aus Taarstedt selber herbei zu holen. Vor der Abfahrt verschaffte ich mir vom Nachbar Marxen Sublimatlösung, um so zeitig als möglich mit dem Pinsel im Halse anzufangen. Da ich den Arzt nicht zu Hause traf, sondern zweieinhalb Stunden auf ihn warten musste, kam er erst um drei Uhr nachmittags hier an. Was wir mit Angst befürchtet hatten, sollte sich leider bestätigen. Der Arzt stellte Diphtheritis fest. Er verordnete alle drei Stunden mit Sublimatlösung zu pinseln, jede Stunde mit von ihm verschriebenen Gurgelwasser zu gurgeln und zweistündlich Medizin einzunehmen. Unsere anderen Kinder durften nicht mehr mit ihr in Berührung kommen. Darum wurde die Schlafstube ausgepackt, die Betten in der fremden Stube aufgeschlagen, nur das Krankenbett und ein anderes blieb im Krankenzimmer. Ich übernahm die Krankenwache. Ihre Mutter sollte sich der anderen Kinder wegen möglichst von ihr fernhalten. Beide Schulklassen wurden durch den Arzt vorläufig auf unbestimmte Zeit geschlossen. Eine trübe Zeit brach für unsere gute Thea an. Mit Ruhe und Geduld ertrug sie alles was um sie und an ihr geschah. Die Pinselungen machten besonders viel Schwierigkeit, da sie die Zunge nicht gut nach unten drücken konnte, doch sträubte sie sich niemals gegen dieselben. Die Nacht verbrachte sie ziemlich ruhig. Um drei Uhr nachts stand Tante Maria auf, um ihr beim Pinseln behilflich zu sein.

Sonntag, d. 15. November 1891

Wir hatten uns für den Tag zum Heiligen Abendmahl angemeldet, mussten aber davon absehen. Nachdem ich morgens Thea behandelt hatte, musste ich zum Singen in der Beichte. Zwischen Beichte und Gottesdienst ging ich zuhause [nach Hause], um sie abermals zu behandeln. Während meiner Abwesenheit unterhielt sie sich mit ihren Büchern.

Der Appetit war den Umständen nach noch gut. Sie trank viel frische Milch, außerdem genoss sie Rührei, Suppen und dergleichen.

Wegen Ansteckungsgefahr für die anderen Kinder war uns ärztlicherseits der Rat erteilt worden, die selber aus dem Hause zu schaffen. Tante Marie erbot sich, die drei kleinsten, Frieda, Maria und Anna mit nach Wees zu nehmen. Mittags reisten die drei kleinen, ohne sich von ihren kranken Schwester verabschieden zu dürfen, mit ihrer Tante ab. Thea hob sich im Bett auf, um die Abfahrt aus dem Fenster zu sehen. Dabei äußerte sie, dass sie nicht begreifen können, wie Tante Maria mit der kleinen Anna fertig werden solle. Mit großer Liebe hing sie an ihrer kleinen Schwester und war um sie sehr besorgt. „Wie kommt Tante mit den drei Kleinen in Flensburg von dem einen Bahnhof zu dem anderen? Wer soll ihr denn helfen? Weiß Großmama, dass sie kommen?" Solche und ähnliche Fragen richtete sie an mich.

Der Arzt war an dem Tag zweimal hier. Erst morgens, während ich in der Kirche war, dann wieder abends um neun Uhr. Er verordnete kalte Wasserumschläge um den Hals an. Thea wusste, dass wir eine Einladung von Nachbar Schmidt für den Abend erhalten hatten. Auf den Abend fragte sie mich. „Papa willst Du zu Schmidt?". „Nein, liebe Thea, ich bleibe bei Dir."

Montag, d. 16. November 1891

Am Morgen kam der Arzt. Das Befinden war ganz gut. Thea hatte ihre Bücher und ihre Tafel auf dem Bett und unterhielt sich damit. Oftmals bat sie mich, ich möge ihr etwas vorlesen. Manche kleine Geschichte aus Petersen Lesebuch I las ich ihr in den Tagen in ihrer Krankheit vor. Bisweilen las sie auch selber. Der Husten mit Auswurf stellte sich mehr und mehr ein.

Dienstag, d. 17. November 1891

Der Arzt konstatierte am Morgen, dass der Belag im Halse immer weniger wurde. Der Appetit war ganz gut. Der Auswurf wurde immer stärker. Auch aus der Nase fand eine reichliche Schleimabsonderung statt. Alle Augenblicke musste ich ihr bei der Reinigung der Nase helfen, wozu kleine leinene Lappen benutzt wurden, die nach gleich nach dem Gebrauch verbrannt wurden.

Von ihrer Tante hatte sie ein buntes Taschentuch bekommen, welches Abbildungen vom Rhein enthielt. Dieses Tuch hat sie oftmals auf der Decke ausgebreitet, um die Bilder zu betrachten und die Schrift, meistens [um] Liedertexte zu lesen. Mancherlei Unterhaltung knüpften sich an diese Bilder an. So einmal sagte sie, „Papa, dies Bild kenne ich. Das ist der Dom in Köln." „Woher kennst Du den" fragte ich. „Den habe ich in der Ausstellung gesehen. Auch sah ich ein Denkmal von dem preußischen König Friedrich Wilhelm III." erzählte sie weiter.

„Das ist richtig" entgegnete ich, „sein Denkmal steht im Tiergarten in Berlin. Er ist der Vater unseres alten Kaisers Wilhelm I."

Sie hatte im September eine Glasfotographieausstellung, für die sich sehr interessierte, wiederholt besucht und manches behalten. Obwohl manche rücksichtlich ihres Alters und ihrer Vorbegriffe fern liegen mussten, so hatte sie doch für viele Sachen, besonders auf Geschichte und Geographie ein frühzeitiges Verständnis und ein sehr treues Gedächtnis. Ohne im Schulunterricht die notwendigen Vorkenntnisse erworben zu haben, hatte sie eine Menge Erinnerung von dem, was sie in der Ausstellung der Glasfotographien geschaut hatte. Davon gab sie mir noch einen Beweis. In den Tagen ihrer Krankheit las ich ihr das Hebelsche Stück „Ein guter...." vor. Nach Beendigung sagte sie, „das war eine schöne Geschichte. Das Denkmal von Kaiser Joseph habe ich auch gesehen." „Gewiss hast Du das" antwortete ich, „es steht auf dem Schlosshof der kaiserlichen Hofburg in Wien."

Mittags erhielt sie frische Suppe. Klöße konnte sie aber nicht schlucken, da dann der Husten gereizt wurde. Eidotter, in Zucker gerührt, nahm sie sehr gern. Sie hat oft, „darf ich noch ein Ei haben", und sagte jedes Mal, wenn sie mir ihre leere Taste zurückgab, „das schmeckte aber fein." So bekam sie öfter drei bis vier Eier täglich.

Das stündliche Gurgeln wurde ihr immer schwerer. Obschon sie das Gurgeln sehr gut ausüben konnte, weil wir den ganzen Sommer hindurch, der herrschenden Halskrankheit wegen, geübt hatten. Wenn ich sagte, „nun liebe Thea, müssen wir wieder gurgeln", so war sie stets dazu bereit, obgleich es ihr schwer wurde, [es] immer wieder auszuführen. Ich fasste dabei ihre eine Hand, in dem sie im Bette saß und den Kopf nach hinten beugte. Die nassen Umschläge um den Hals verlangte sie oft selber, ebenso die Medizin, denn sie wollte so gerne gesund werden und hatte bereits mehrmals gefragt, „wenn ich gesund bin, soll ich dann auch in eine Ballje und ganz abgeseift werden?" Sie hatte nämlich gehört, dass das mit anderen Diphtheriekranken geschehen sei und freute sich im voraus darauf, wenn diese Waschung an ihr vorgenommen wurde.

Mittwoch, d. 18. November 1891

In der Nacht schlief sie in Zeiträumen von ein bis zwei Stunden. Ich legte mich dann in das andere Bett. Die Lampe, die sie während des Schlafes entfernt haben wollte, setzte ich auf den Fußboden. Bisweilen fragte sie, „gehst Du weg?" „Nein, ich bleibe bei Dir!"

Entweder am Mittwoch oder Dienstag vormittags war es, als sie auf der Tafel ein Grundriss des Schulhauses zeichnete, dann löschte sie denselben aus und machte Linien, wurde dabei müde und legte die Tafel weg. Es waren die letzten Linien.

Als ich ihre Arbeit sah, dachte ich mit bangen Ahnungen, sollten das ihre letzten Linien sein? Und stellte die Tafel weg. Nachdem ich jeden Morgen die Stube gereinigt und ihr Bett zurecht gelegt hatte, kämmte ich ihr an einigen Tagen das Haar. Dagegen wusch sie sich selber. Jede Kleinigkeit, Schmutz an Gesicht, an Händen, an der Bettstelle, wollte sie gleich entfernt haben.

Auswurf und Husten mehrten sich. Mittags aß sie Suppe, sonst trank sie viel frische Milch, genoss auch Fruchtsuppen. Der Magen und die Verdauungstätigkeit war stets in Ordnung.

Am Mittwochnachmittag wurde die kleine Dora Ohl, dreieinviertel Jahre alt, beerdigt. Ich musste zu Beerdigung. Ihre Mama übernahm daher für einen Augenblick die Pflege. Um uns herbeizurufen, hatte sie auf der Decke eine kleine Glocke liegen. Als der Leichenwagen vorbei fuhr, hob sie sich im Bette auf, um aus dem Fenster zu sehen. –
Nachmittags kam der Arzt. Weil der Hals rein war, ordnete er an, dreimal täglich zu pinseln. Im übrigen wie folgt fortzufahren. Er untersuchte jedes Mal genau ihre Brust. „Du bist ein kleines, gutes Mädchen" sagte er oft, da sie gleich alles tat, was er verlangte. „Die Geschichte will nicht weiter. Eine wesentliche Besserung ist noch nicht da", so lautete sein Urteil. Dann saß er längere Zeit und erzählte längere Zeit über die Möglichkeit des Luftröhrenschnitts und legte dar, wie äußerst schwierig solche Operation sei, deren Gelingen von vielen kleinen Nebenumständen abhing und es ihm darum durchaus nicht gleichgültig sei, wen er als Assistenzarzt zur Seite habe. Gerade von dessen Geschicklichkeit und Mithilfe hinge vieles ab. –
Mir kam der dabei der Gedanke, ob er uns solches absichtlich mitteilte, damit wir wüssten, was wir im schlimmsten Falle zu tun hätten.

Donnerstag, d. 19. November 1891

Die Nacht war für die liebe Kranke weniger gut gewesen. Der Hustenreiz wurde immer stärker, so dass der Schlaf stets gestört wurde. Die Stimme wurde nach und nach heiserer, gedämpfter. Trotz ihrer Leiden war sie so geduldig und so gut, dass einzige Wort der Klage, „ich kann vor dem Husten gar nicht schlafen, ich bin so müde." Wenn sie eine kurze Zeit scheinbar ruhte, musste sie sich wieder erheben, um den Schleim raus zu spucken. Derselbe war zähe, zog sich in langen Fäden raus, und ich musste ihr oft behilflich sein, den Mund ab- und auszuwischen. Vormittags gegen 10 Uhr wurde das Befinden schlechter. Sie klagte über Luftbeklemmungen, und zeigte auf die Frage, wo es ihr schmerze, auf die Herzgrube. Wir ließen den Arzt holen. Mehrmals fragte sie, ob er nicht bald käme. Gegen Mittag stellte er sich ein. Der Hals war jetzt rein. Das Pinseln konnte eingestellt werden. Dagegen

sollten wir mit dem Gurgeln und der Verabreichung der Medizin fort-
fahren. Auf meine Mitteilung, dass das Gurgeln ihr viel Mühe machte,
äußerte er, es könne auch etwas weniger vorgenommen werden. Im
Weggehen sagte er zu meiner Frau, wir sind noch nicht über den Berg.
Die Krankheit setzt, wie immer man dazu zu sagen pflegt, immer wie-
der nach. –

Der Arzt hatte seine Operationskosten mitgebracht und gab Anord-
nung, für den folgen Nachmittag und Abend, falls wir seine Hilfe be-
nötigten. –

Zu Mittag aß Thea Taubensuppe, die ihr gut schmeckte. Tante Lo-
renzen hatte ihr eine Taube geschickt. Täglich empfing sie drei bis vier
Eidotter, in Zucker gerührt. Fast jedes Mal sagte sie, dass schmeckt gut.
In den folgenden Nachmittagsstunden fühlte sie sich wieder besser, so
dass sie verlangte, ich möge ihr wieder einige Geschichten vorlesen. Ge-
gen Abend wurde sie schlechter. Um 7 Uhr abends musste sie sich
furchtbar mit dem Husten quälen. Dazu wurde ihr Atem kürzer, sie
glühte im Fieber, bis endlich nach langem Husten und Quälen einige
Schleimstücke abgingen. Auf mein Befragen sagte sie, „da kam wieder
ein Stück, noch ein Stück." Nach genauerer Untersuchung fand ich in
dem Auswurf mehrere erbsengroße Schleimstücke. Bald darauf trat eine
kleine Besserung ein.

Gerade in dem Augenblick, wo Thea so schlecht war, wurde Anna[12],
die alleine war, vom Schwindel befallen und ich war um beide allein.
Bald musste ich bei ihr sein, bald bei ihr. Da lief ich zur Nachbarin, um
Hilfe herbei zu rufen. Anna erholte sich bald von dem Anfall. In den
letzten Abendstunden bis in die Mitternacht schlief Thea in Unterbre-
chung von einer halben bis eine Stunde. Ich wähnte, die Krankheit habe
nunmehr ihren Höhepunkt überschritten, und schrieb in der Nacht er-
freuende Briefe nach Wees und Hamburg.

Freitag, d. 20. November 1891

---

[12] Frau von Franz Andresen

In den Morgenstunden hatte sie auch noch etwas Schlaf. Der Husten wurde immer heiserer klingend. Die Stimme war sehr belegt, fast ganz weg. Vormittags ein gerührtes Ei und mittags Taubensuppe schien ihr zu schmecken. Sie sprach wenig und lag viel, wenn der Husten ihr Ruhe ließ mit geschlossen Augen, um den Versuch, zum Einschlafen zu machen. Als ein Brief von ihrer Tante einging, erkundigte sie sich sehr eingehend, wie es der kleinen Anna bei ihrer Tante ergehe. –

Am Nachmittag musste ich zur Kirche, um bei einer Trauung zu spielen. Beim Weggang blickte ich zum Fenster hinein, worauf sie mich noch lächelnd ansah. 2½ Uhr war der Arzt hier. Er untersuchte die Brust genau und dann sprach sich dann über den Stand der Krankheit nicht weiter aus. Dann musste ich wieder vom Krankenbette fort, da der kleine Heinrich Ohl, der Seitenkamerad unseres Nikolaus, an Diphtherie dahin gerafft wurde, Bruder der am Mittwoch bestatteten Dora Ohl – wie mir diese Beerdigung zu Herzen ging! Wie habe ich an den Gräbern dieser schwer geprüften Eltern, um das Leben meiner Tochter gebetet! –

Die Abendstunden brachten wieder eine Steigerung der Krankheit. Sie wolle so gerne schlafen, konnte aber wegen des Hustens wegen nicht dazu kommen, nur kurze Zeit, eine Viertel- bis Halbe Stunde konnte sie ruhig liegen. „Ich kann gar nicht für die Husten schlafen", klagte sie bisweilen. Ihre Stimme war ganz weg. Als sie durchaus nicht zur Ruhe kommen konnte, da wurde mir die Hoffnung auf eine besser Nacht, als die vorige und damit das lang ersehnte Zeichen der Besserung gänzlich genommen. Alle Augenblicke erholte sie sich, beugte sich nach der rechten Bettseite, um wieder zu versuchen, einige Schleimstücke auszubrechen. Nicht wollte sie haben, dass ich ihr das Gefäß zum Auffangen des Auswurfes auf die Bettdecke stellte, es sollte auf dem Fußboden stehen, da sie sonst besorgt war, es könnte das Bettzeug beschmutzt werden. Von dem fortwährenden Stützen auf dem rechten Arm war der rechte Ellenbogen sehr rot und schmerzte ihr. Ich stand viel, um ihre linke Hand zu ergreifen, wenn sie sich aufrichten wollte, doch konnte sie sich bis dahin immer noch alleine umrichten.

Sonnabend, d. 21. November 1891

In den Nachtstunden von 12 bis 3 Uhr wurde ihr Zustand zusehends gefährlicher. Fast gar kein Schlaf, kam der lieben, schwer leidenden Thea in die Augen. Der Atem wurde nach und nach kürzer, und zu Zeiten klagte sie, „ich kann keine Luft mehr kriegen." Ihre Brust hob und senkte sich in fieberhafter Erregung. Unablässig musste ich ihr beim Aufrichten ihres Körpers behilflich sein, da immer wieder Husten und Atmungsbeschwerden sich einstellten. Um 3 Uhr nachts wurde ich ängstlich für ihr Leben, da ihr Zustand zunehmend bedenklicher wurde. Schnell weckte ich ihre Mutter, um Nachbar M. mit dem Fuhrwerk zum Arzt zu senden. Um 4½ Uhr war der Arzt da, der schnell nur mit den notwendigsten Kleidern versehen, dem Rufe gefolgt war. Während der 1½ Stunden des Wartens fragte Thea oft, wenn die Anfälle schlimm gewesen, „kommt der Doktor nicht bald?" Nach Ankunft untersuchte er die Brust genau, rief uns nach der Wohnstube und erklärte, „es ist keine andere Hilfe als die Operation, die Erstickungsanfälle treten schon ein, das Kind hat die ganze Nacht keinen Schlaf bekommen. Es wird, wenn nicht schleunigst geholfen wird, innerhalb weniger Stunden sterben. Wollen Sie das Kind operieren lassen? Entschließen Sie sich schnell und lassen einen zweiten Arzt holen!"

Diese Worte brachten uns eine schreckliche Eröffnung. Ich hatte nicht erwartet, dass wir schon vor diesem letzten zweifelhaften Mittel standen. Wir gingen nach der Schlafstube zurück, um uns zu beraten, während der Arzt in der Wohnstube blieb. Unter Tränen kamen wir zu dem schweren Entschluss. Der Arzt kam hin und bat, „machen Sie Ihrer Tochter die Sache nicht schwer und lassen Sie sich nichts anmerken." Ich erklärte ihm zu dann, einen zweiten Arzt als Assistenten zur Operation holen lassen zu wollen, worauf er sagte, „dann muss ich erst schlafen, denn beides, Tag und Nacht kann ich nicht arbeiten, ich lege mich hier schlafen, denn ich muss Ruhe finden." Meine Frau bot ihm irgendeine Erquickung an. Er lehnte barsch ab und sagte hinterher, „wenn der andere Arzt hier ist, möchte ich eine Tasse Kaffee trinken, ich meine, wenn es Ihnen passt." Bereits vorher war ich zu Nachbar L. geeilt, um einen Wagen nach Norderbrarup zu Doktor Iwersen zu schicken. L. übernahm es freundlichst, einen zweiten Wagen vom Nachbarn

Sch. zu requirieren und nachzusenden, um ihn schneller befördern zu können.

Theas Operation

Während der Zeit von 4½ bis 7½ Uhr morgens waren wir meist beide am Krankenbett. Es waren lange, schmerzbringende Stunden, denn die liebe Thea kämpfte furchtbar nach Luft, und die Erstickungsanfälle wurden immer häufiger. Bange Ahnungen, schreckliche Befürchtungen durchzogen unser Herz. Als die liebe Kranke sich vor Atemnot hin und her wälzte und von Angst erregenden Brustbeklemmungen gequält nach Hülfe verlangte, ging ich nach der Tür, um den Arzt herzurufen, aber er hörte mein Hilferuf nicht oder überhörte ihn absichtlich. Nach einiger Zeit, nach der Thea abermals vor Luftbeengungen dem Erstickungstode scheinbar nahe war, fasste meine Frau sich ein Herz hinzugehen und zu sagen, „oh Herr Doktor kommen Sie, unser Kind erstickt." – Er kam, sah Thea an, fühlte ihren Puls, sagte im Fortgehen, „ich kann nicht helfen."

Es waren schreckliche Stunden, die wir mit unserem lieben Kinde durchlebten. Zwischen 6 und 7 Uhr fragte Thea mehrmals, „ist der Doktor noch hier, was will er?" Ich antwortete, „er will ein wenig warten, um zu sehen, ob es mit Dir besser wird." Meine Frau wollte haben, ich sollte Thea darauf vorbereiten, was mit ihr geschehen solle. Ich lehnte es ab, um Thea nicht unnötig zu ängstigen. Endlich, nach langem sehnsüchtigem Warten, kam bei Eintreten der Morgendämmerung ein eilender Wagen herangerollt. Mit sichtlich bewegendem Herzen und teilnehmenden Worten begrüßte uns unserer früherer Hausarzt Doktor Iwersen und sprach sein Beileid aus in solcher Angelegenheit zu uns gerufen zu werden. Eben vorher, als Thea fragte, ob der Doktor noch hier sei, hatte ich ihr die bevorstehende Operation ankündigte, in dem ich sagte, „sei nur nicht ängstlich, liebe Thea, wir haben noch einen Arzt holen lassen, Doktor I., den Du ja kennst. Er will Dich auch sehen und dann wollen beide Dir Hülfe bringen."

Doktor I. begrüßte Thea sehr freundlich und nach vorhergängiger Rücksprache mit Doktor de la Motte untersuchte er ihre Brust. Er sagte dann zu mir, „Du tust Unrecht gegen das Kind, wenn Du es so liegen lässt. Die Aussichten, das Kind am Leben zu erhalten, werden durch die Operation zumindest nicht getrübt." „Dann bin ich beruhigt über den verantwortlichen Schritt, das Kind zur Operation herzugeben", antwortete ich.

Nun verlangten die Ärzte, die Zurichtungen für die Operation vorzunehmen. Zwei Tische wurden der Länge nach aneinander gesetzt, eine Bettdecke und ein Laken darüber gelegt, ein Sofakissen zusammen gerollt, um unter den Kopf gelegt zu werden, während die Ärzte ihre Operationswerkzeuge, Verbandsgegenstände auf einem kleinen Tisch zurecht legten.

Thea merkte, was um sie herum zuging. Ihr Gesicht glühte im brennenden Fieber, und als ich mich zu ihr neigte, flüsterte sie voll Angst, mit kaum hörbarer Stimme, „Papa ich bin so bange!" –

Ich streichelte ihre heißen Wangen, ein unfassbarer Schmerz durchzuckte mein Herz. Mit Gewalt musste ich meine Tränen zurück drängen und versuchte, sie mit den Worten zu trösten, „brauchst gar nicht bange zu sein, liebe Thea, nur ein Augenblick, so kannst Du wieder leicht atmen und brauchst Dich nicht mehr zu quälen, musst nur ganz ruhig sein, so wirst Du keine Schmerzen fühlen und nichts davon merken, was die Ärzte tun." Da sah sie mich zufrieden an, traute meinen Worten, zeigte keine Angst und Bangigkeit mehr, sondern war ruhig und gefasst und ließ alles mit sich geschehen. Bevor die Ärzte an ihr gefährliches Geschäft gingen, sagte Doktor de la Motte zu mir, „als Arzt bin ich verpflichtet, Ihnen zu sagen, dass die Operation missglücken kann. Es ist die Möglichkeit da, dass das Kind in der Operation verbluten kann, oder es können andere Umstände eintreten, die wir nicht voraussehen können. Wir hoffen, dass aber alles gut gelingen wird."

Kurz nach 8 Uhr begann die Operation. Ich entkleidete die liebe Thea, dann nahm der eine Arzt sie aus dem Bett und legte sie auf den Tisch. In dem Augenblick, in dem er sie niederlegte, ging ich aus der Tür. Das liebe Kind sah mich mit einem bittenden, fragenden Blick an, den ich Zeit Lebens nicht vergessen habe. –

Wir waren während des Vollzugs in der Wohnstube. Es waren schreckliche, ahnungsvolle Minuten, sie würden über Leben und Tod unser so geliebten Tochter die Entscheidung bringen! –

Das einzigste, was uns zu tun übrig blieb, war, für das teure Leben unseres Kindes zu beten. Die Operation dauerte 20 Minuten, eben vor 8 ½ Uhr wurden wir herein gerufen. Die Ärzte verlangten jemanden, um das Bett in Ordnung zu bringen. Als Anna zu dem Zweck in die Schlafstube hineintreten wollte, war Thea unter heftigen Bewegungen im Aufwachen begriffen. Sie trat zurück, worauf eine Tagelöhnerfrau, die wir am Morgen zur Hülfe herbeigerufen hatten, hineinging, um das verlangte auszuführen. Thea wurde ins Bett gelegt und wir traten zu ihr. Sie schlug ihre Augen mehrfach auf, als wir neben ihrem Bett standen. Die Fieberhitze war gewichen, sie sah bleich und blass aus. Der Atem ging langsam und natürlich, erst ganz leise, dann vernehmlicher. Doktor I. sagte zu uns, „ist das nicht ein friedliches Bild gegen diese Nacht, was Ihr gesehen habt? Alles ist vorzüglich geglückt, nur wenige Tropfen Blut sind verloren gegangen, und die Lunge ist besser als wir erwarteten." Dann ermahnte er mich, der Pflege am Krankenbett treu zu warten. Ständig mussten zwei Personen am Bett sein, um die Kanüle zu behandeln. Bald fing die Schleimabsonderung aus der Kanüle an. Der Schleim, der aus der Kanüle herausbefördert wurde, musste schnell mit einer Gänsefeder oder mit einem Schwamm aufgefangen werden.

Die Ärzte gaben Anordnung, die Zimmerwärme genau auf 16 Grad zu halten und fortgehend zu dampfen. Die Kranke durfte den ersten Tag nach der Operation nur Milch und Wein löffelweise dargereicht trinken. Sie musste ruhig und still auf dem Rücken liegen. Doktor I. gab uns den Rat, die in der Pflege operierter Diphtheriekranker erfahrene Frau Green in Kius zu Hilfe zu rufen. Nachdem beide Ärzte uns versicherten, unserer lieben Tochter würde voraussichtlich das Leben erhalten werden, reisten sie ab, und waren dankbar für die erfahrende Hilfe.

Infolge des Chloroformierens stellte sich bei unser Thea bald der Durst ein. Sprechen konnte sie nicht mehr, da der Atem jetzt durch die Röhre ging, doch konnte sie sich uns ganz gut verständlich machen. Ich sagte ihr, „wenn Du etwas sagen willst, musst Du mir ganz langsam und recht scharf mit den Lippen sprechen, so kann ich Dich verstehen." Auf unser Befragen, ob sie während der Operation Schmerzen gefühlt habe, schüttelte sie mit dem Kopf, als ich sie fragte, ob es ihr am Halse bei der Röhre weh tue, sagte sie nein, und sie klagte auch fernerhin niemals über Schmerzen im oder am Halse.

Am Vormittag kam Frau G. mir zu Hilfe. An ihr hatte ich eine rechte Stütze, da sie in der Behandlung solcher Kranken erfahren war. Sowohl aus der Röhre wie aus dem Munde ging fortwährend Schleim ab. Frau G. behandelte die Kanüle, ich stand mit einem Handtuch bereit, um den Schleim vom Munde zu wischen. Thea schien sich ganz gut zu befinden, sie trank viel frische Milch und etwas Wein und Wasser. Wenn sie solches haben wollte, sagte sie, „Milch oder Wein!" Medizin sollte ihr zwei- bis dreistündlich gereicht werden, das Gurgeln hielt selbstverständlich auf. Auf der einen Seite ihres Bettes stand der Dampfapparat, der unausgesetzt den Wasserdampf über die Röhre hinführte. –

Kam die Mutter dann an ihr Bett, so lächelte sie sie an, wie sie mich auch oft anlachte. Zu Zeiten schloss sie die Augen und schien zu schlafen, bis dann ein Hustenreiz mit Schleimauswurf sie wieder weckte. Nur selten verzog sie dabei das Gesicht, als wenn sie Schmerzen empfand.

Nachmittags kam Nachbar L., um uns bei der Krankenpflege behülflich zu sein. Durch ihn erhielten wir eine zweiten Dampfapparat, außerdem wurden noch von Zeit zu Zeit glühende Bolzen in ein Gefäß Wasser getan, um die Luft im Krankenzimmer mit möglichst feuchtwarmen Wasserdampf anzufüllen. Infolgedessen rann das Wasser von den Wänden.

Da wir drei Krankenpfleger waren und Theas Befinden den Umständen nach ganz gut war, so ließ ich mich bereden, nachmittags 3 Uhr mich schlafen zu legen, da ich in sieben Tagen und Nächten die Krankenwache gehalten, ohne nennenswerte Ruhe bekommen zu haben. Ich bat, mich gegen Mitternacht zu wecken, da ich die Nacht gerne bei ihr sein wollte. In wohlmeinender menschenfreundlicher Absicht ließen die beiden Wärter mich bis zum anderen Morgen 6 Uhr schlafen. Hätte ich ahnen können, dass diese Nacht für Thea die letzte sein sollte, dann wäre ich nicht von ihrem Bette gewichen. Die glücklich vollzogene Operation, ihr überaus gutes Befinden, die Zusicherung der Ärzte auf Erfüllung ihres Lebens, das vor zwei Jahren erlebte Vorkommnis des Luftröhrenschnittes zweier Kinder hierorts, in Kius und Ulsnis mit nachfolgender glücklicher Heilung und vollständiger Gesundung, alle diese Umstände veranlassten uns, gegründete Hoffnung zu haben, unsere liebe Thea außer der Gefahr zu wissen. Wir waren dem Schöpfer sehr dankbar, den vor Augen gesehenen Tod von der guten Thea gnädigst abgehalten zu haben. Wir hatten in der vorherigen Nacht ihr Ringen mit dem Tode mit schmerzvollem Herzen, mit Zittern und Bangen angesehen und wussten nunmehr, wie ruhig und still sie liegen konnte und sich dem natürlichen Schlaf vielleicht hingeben durfte. Die liebe Kranke hatte in der letzten Zeit nur wenig Schlaf bekommen.

Als ich zur Ruhe ging, traten mir die ersten Worte Gedächtnis, „es war ein wunderlicher Krieg, der Tod und Leben errungen, das Leben stritt, behielt den Sieg und hat den Tod verschlungen."

Am Morgen des 21. gleich nach der Operation hatten wir ein Telegramm nach Tondern geschickt, um Annas Mutter herzurufen. Sie kam am Sonnabend Abend hier an. Sie hatte führ Thea eine Flasche Tokajer Wein mitgebracht, von dem sie gerne trank. Der Durst hielt den ganzen Tag an. Konnten wir Thea nicht verstehen, so zeigte sie was sie wünschte oder schrieb den Namen des Gewünschten auf die Bettdecke. Wie leicht sie sich verständlich machen konnte, geht aus folgendem hervor. Wegen der fortdauernden, auf 16 Grad gehaltenen Temperatur und des starken Wasserdampfes wurde es im Zimmer zu heiß, weswegen die Wärter während meiner Abwesenheit gesagt hatten, „die Federdecke ist Thea zu heiß. Es wäre zweckmäßig, wenn wir eine Steppdecke hätten." Darauf sagte Thea etwas, was die Wärter trotz mehrmaliger Wiederholung nicht verstehen konnten. Da schrieb Thea langsam auf die Bettdecke, „wir haben doch eine Steppdecke", worauf ihre Mama gerufen wurde und die Steppdecke brachte.

Als ich vom Krankenbett fortging und ich ihr sagte, „ich könnte mich wohl gerne ein wenig schlafen legen", erklärte sie sich damit einverstanden.

Theas Todestag, Sonntag, d. 22. November 1891

Als ich am anderen Morgen 6 Uhr in die Krankenstube trat, erfuhr ich, dass die Nacht ebenso glücklich verlaufen war wie der Tag. Thea hatte in Zeiträumen von ein bis zwei Stunden ruhig geschlafen. Die Schleimabsonderung war bis 4 Uhr morgens reichlich gewesen. Seitdem war eine Änderung eingetreten. Die beiden Wärter verließen uns. Großmama mit mir übernahm die Krankenpflege. Zwischen 6 und 7 Uhr trat das Verhängnis ein. Der Schleimabgang hörte fast ganz auf, sie klagte über Stiche in der Brust, der Atem wurde schneller, Fieber stellte sich ein. Thea sagte oft, „ich bin so hungrig, ich bin so hungrig." Ich entgegnet ihr, sie müsse sich nur ein wenig gedulden, um 8 Uhr käme der Arzt, dann würden wir erfahren, was wir Ihr zu Essen geben dürften. Es wurde ihr Milch und Wein gereicht. Die frische Milch konnte sie nicht haben. Sie behauptete wiederholendlich, sie sei bitter, obwohl die Milch gut war.

Gegen 7 Uhr kam ein wenig Blut aus der Nase, nur einige Tropfen. Als sie darauf wegen eines Bedürfnisses im Bett aufgerichtet wurde, kam aus ihrem Munde dreimal etwas hellrotes Blut, dass ich mit dem Handtuch aufwischte. Gleich darauf klagte sie über Schmerzen in der Brust und zeigte auf die linke Seite. Wir wurden alle sehr bestürzt über diese Änderung in ihrem Befinden und sahen voll sehnlicher Erwartung der Ankunft des Arztes entgegen.

Schon vor 8 Uhr war er da. Nach Mitteilung des Vorgefallenen und Untersuchung ihrer Brust wurde er sehr ernst, schüttelte den Kopf und sagte, „ach, dass noch zu erleben. Eine Blutung aus der linken Lunge." Hinterher sagte er zu uns, „ich kann Ihnen keine oder wenig Hoffnung machen. Da hört meine Macht auf. Ein verhängnisvoller Umstand ist eingetreten, eine Lungenentzündung ist im Gange und wird sich rasch entwickeln." Das hatte ich nicht erwartet.

Das war für uns eine furchtbare Eröffnung. Die letzten Hoffnungen für das Leben unseres geliebten Kindes wurden so jäh zertrümmert. Auf meine Frage, was ich tun könne, antwortet der Arzt, „Nichts, hier hört unsere Kunst auf." In einer Stunde komm ich wieder.

Eben hatte er sich entfernt als Thea einen schlimmen Anfall von Schmerzen und Stichen in der linken Seite hatte. Sie ergriff meine Hand und drückte sie an ihre heiße Brust und wand sich hin und her von Schmerzen. Meine Frau rief den Arzt zurück. Auf ihre Bitte, nochmals zu Thea zu gehen, „ach so bald, dass dachte ich nicht." Er trat wieder ans Bett und sagte nach einigem Besinnen, „es ist ja einerlei, das letzte Mittel wollen wir versuchen, ihre Schmerzen zu lindern." Er befahl kaltes Wasser und ein Handtuch zu bringen, dann schnitt er ihr Hemd von oben bis unten aus auf, um ihre Brust bloß zu legen und legte schon das Wasser getränkte Handtuch auf die fieberheiße, glühende Brust. Mit einem tiefen Atemzug, sagte sie, „oh das tut gut." Der Arzt ordnete an, mit den Umschlägen fortzufahren, so häufig sie es wünschte, kalte Umschläge auf die Stirn zu legen. Sie wurde ruhiger, lag still. Nach Verlauf einer halben Stunde kam der Arzt wieder. Er gab Weisung, mit den Umschlägen beizubleiben und die Dampfapparate gehörig in Tätigkeit zu halten. Auf meine Frage, ob wir ihn wieder rufen lassen dürften, wenn die Brustbeklemmungen eintreten, sagte er, „ich kann nichts machen, die nächsten Stunden werden die Entscheidung bringen."

Auf Anordnung des Arztes bekam Thea Milchbrei zu essen, wovon sie eine ziemliche Portion aß. Am Vormittag schien sie ein wenig besser zu sein, klagte aber oft über die Schmerzen in der Brust und verzog dabei das Gesicht. Husten und Schleimauswurf hörten gänzlich auf, der Atem wurde gänzlich beschleunigter, die Fieberhitze größer. Zu Mittag genoss sie noch etwas. In Zwischenräumen von einer Viertel- bis halben Stunde verlangte sie die kalten Umschläge, sie sagte dann „Lappen oder Tuch." Jedes Mal, wenn das kalte Tuch aufgelegt wurde, schöpfte sie tief Atem und gab Zeichen, dass es ihr wohl tue. Wir verlebten an ihrem Krankenbette bange, angsterfüllte Stunden.

Am Nachmittag kam Nachbar L. wieder, um uns Hilfe zu leisten. Gegen 4 Uhr wurde Thea sehr schlecht. Ihre kleine Brust hob und senkte sich schneller, immer schneller. Gluthitze zeigte sich am ganzen Körper, wenn die Stiche und Beklemmungen ärger wurden, versuchte sie sich empor zu richten oder warf sich von der eine Seite nach der anderen. Oft streckte sie beide Arme aus, um mich, ihre Mama, mich oder ihre Großmama in die Arme zu schließen. Dann faltete sie ihre kleinen Hände, führte sie über das fieberglühende Gesicht und betete:

„Lieber Gott mach mich fromm,
dass ich in den Himmel komm."

Unter Tränen von tiefem Schmerz, kaum der Stimme mächtig, „ja liebe Thea, bete nur, dass der liebe Gott Dir helfe." Da sprach sie dieses Gebet einmal über das andere, gewiss über zwanzigmal. Wenn die Leiden groß wurden, betete sie immer anhaltender, bisweilen aber auch ein anderes Gebet, was ich aber nicht verstehen konnte. Wir standen alle um ihr Bett. Tränenden Auges, zerrissenen Herzens. Mehrmals musste ich hinausgehen, um mich auszuweinen, ebenso die anderen, die solche Leiden, solchen Kampf ansahen. Zuletzt baten wir selbst, der himmlische Vater wolle, ihren harten Todeskampf zu endigen, sie zu sich nehmen. –
Die Anzeichen eines baldigen Abscheidens traten ein. Als ihre Augen einen anderen Blick annahmen, fragte ich sie, „sollen wir Deine Geschwister, Deine Tante, Deine Großmama grüßen", worauf sie klar und vernehmlich „Ja" sagte. L. fragte, „soll ich Dora und Marie, Theas Schul- und Spielkameraden grüßen?", was sie ebenfalls bejahte. Ich sagte, „du sollst uns in teurer Erinnerung bleiben, wir wollen Dich hier nie vergessen." Dazu antworte sie mit „Nein", dann schloss sie uns mehrmals in ihre Arme und die Besinnung war augenscheinlich verloren.
Das Auge nahm einen stieren Blick an, die Lippen wurden blau, die Röte der Wangen wich eine blassen Farbe, der Puls setzte aus, der Atem wurde nach und nach langsamer, schwächer, kaum vernehmbar. In dem ich ihre eine Hand fasste und meine rechte Hand auf ihren Kopf legte, sagte ich, „der Herr segne Deinen Ausgang aus dieser Welt. Dereinst werden wir uns alle in Freuden wiedersehen. Du bist uns ein liebes, gutes Kind gewesen. Wir werden Dich niemals vergessen!" –
Unsere Tochter war nach unserer Meinung von ihrem Leiden erlöst und zur Ruhe eingegangen. Das war Nachmittags zwischen 4 und 5 Uhr.

Eine kurze Zeit, vielleicht 5 bis 10 Minuten lang, lag sie still und ruhig, da traten andere Erscheinungen ein, ihr Atem wurde stärker, schneller, die Augen bewegten sich, sahen umher, sie kam wieder ins Bewusstsein zurück. Sie verlangte Umschläge, Trinken, Medizin. Wohl klagte sie über Schmerzen in der Brust, doch traten nicht solche Anfälle ein wie vorher. Auch sprach sie weniger Worte und war in den folgenden Abendstunden vollständig klar, unsere Hoffnung belebte sich wieder ein wenig.

Die Dampfapparate, die vorher ausgelöscht worden war, wurden in erneute Tätigkeit gesetzt. Weil der eine Apparat nicht mehr gebrauchsfähig war, requirierte L. einen neuen, besseren von Kirchenholz. Um 7 Uhr kam L. aus Kius, der für die Nacht die Wache mit übernehmen wollten. Er setzte beide Maschinen in besonders starke Tätigkeit.

Thea verlangte nicht mehr so oft die kalten Umschläge, und es schien ihr viel besser zu gehen. Dafür spricht auch folgender Umstand. Zwischen 8 und 9 Uhr waren die beiden L. einen Augenblick alleine bei ihr. Ich war nach der Wohnstube gegangen, um ein wenig zu genießen, denn bis dahin war an Essen nicht gedacht worden. Während meiner Abwesenheit sagte Thea irgendetwas, was die beiden nicht verstanden. Dabei zeigte sie stets nach dem Fenster. Dort befand sich eine kleine Stehuhr nach der sie in den vergangenen Tagen wunschgemäß die Zeit bestimmte, wann sie Medizin haben wollte. Die Wärter brachten ihr die Uhr, aber sie wehrte ab, indem sie wieder nach dem Fenster zeigte und etwas sagte. Nach genauerem Suchen fanden sie dort ihre Glocke, gaben ihr diese und hatten damit das Richtige getroffen. L. legte die Glocke auf das Kopfende ihres Bettes. Thea zeigte auf die Decke, dort solle sie liegen, dann war sie zufrieden.

Noch um 9 Uhr verlangte sie Essen und verzehrte fast einen halben Teller voll Milchsuppe. Einige Husten stellten sich wieder ein, aus der Kanüle ging einige Male etwas Schleim ab. Wir hofften, wenn sie zum Brechen kommen könne, dass dann noch Aussicht zur Erhaltung ihres Lebens sei. Zwischen 9 und 10 Uhr forderte Thea Medizin. Ich reichte ihr davon drei Teelöffel voll. Darauf sagte sie, „nächstes Mal will ich zwei Kinderlöffel voll haben," wobei sie dieselben Kinder recht scharf betonte und dazu zwei Finger aufhob. Diesen Wunsch bewilligte ich ihr. Ehe aber die vorgesehene Zeit aber zum abermaligen Einnehmen verstrich, war Thea nicht mehr unter den Lebenden.

Nach 10 Uhr wurde ihr Zustand wieder bedrohlicher. Der Atem wurde immer rascher, ihre Brust konnte nicht länger in Bewegung sein als [es] der Fall war. Wurden die Stiche gar schlimm, so presste sie die Hand in die Seite oder warf die Arme über den Kopf, auch ergriff sie mehrmals meine Hand, um sie auf die höchst gesteigerte Fiebererregung tätigte Brust zu pressen, zeitweilig hob sie sich nach vorne über, während ich alsbald sie ergriff und sie wieder zurück legte. Ihre Mutter und Großmutter wurden gerufen, schnell zu kommen. Ehe sie eintraten, war von Thea das Bewusstsein gewichen.

Noch einmal hob sie sich nach vorne über und wie ich sie in meine Arme nahm, legte sie sich aufs Kissen zurück und − − − war verschieden − − − Eben vor 11 Uhr abends, den 22. November 1891, Sonntag Trinitatis.

In dem Bildarchiv meiner Familie befinden sich zwei Familien-Photographien, welche in packender Weise den Verlust dieser beiden Kinder veranschaulichen. Die erste Aufnahme ist im Sommer vor dem Schulhause gemacht. Rund um den Tisch ist die ganze Familie, Vater, Mutter und sechs Kinder versammelt. Eine reizende Gruppe bilden die beiden Mädchen, welche vor dem Tisch hocken, ihre hellen Köpfe aneinander gelehnt während sie sich schwesterlich umfangen. Das eine der beiden ist Frieda, die wenige Jahre darauf stirbt. Die Aufnahme ist aus dem Jahre 1891. Aus dem Bilde spricht das stille Glück und die Zufriedenheit einer 8köpfigen Familie. Aus dem Jahre 1893 ist die zweite Aufnahme. Sie ist im Atelier hergestellt. Aus allem, aus dem Milieu, aus der Gruppierung, aus den Personen kündet sich dem Betrachter eine stumme Trauer. Zwei der Kinder fehlen, die Mutter, in schwarzem Kleide, zeigt ein trauriges, abgehärmtes Gesicht. Auch aus den Zügen des Vaters vermag man die Eindrücke des harten Geschicks zu lesen, das den glückhaft stillen Kreis ergriff.

Erinnerungen

an

unsere heimgegangene, teure

Tochter

Theodora Katharine,

geb. den 27. Juli 1882,
gest. den 22. Nov. 1891.

Aufgezeichnet von ihrem
Vater.

✝

Auch du warst eine Blume,
  Gepflanzt von Gott, dem Herrn,
Warst unsers Lebens Freude,
  Nun bist du von uns fern!

Du blühst im Himmelsgarten
  Nun auf in Herrlichkeit,
Einst sehen wir uns wieder
  In Wonn' und Seligkeit!

———————

Widmung ihres Familien-Kranzes.

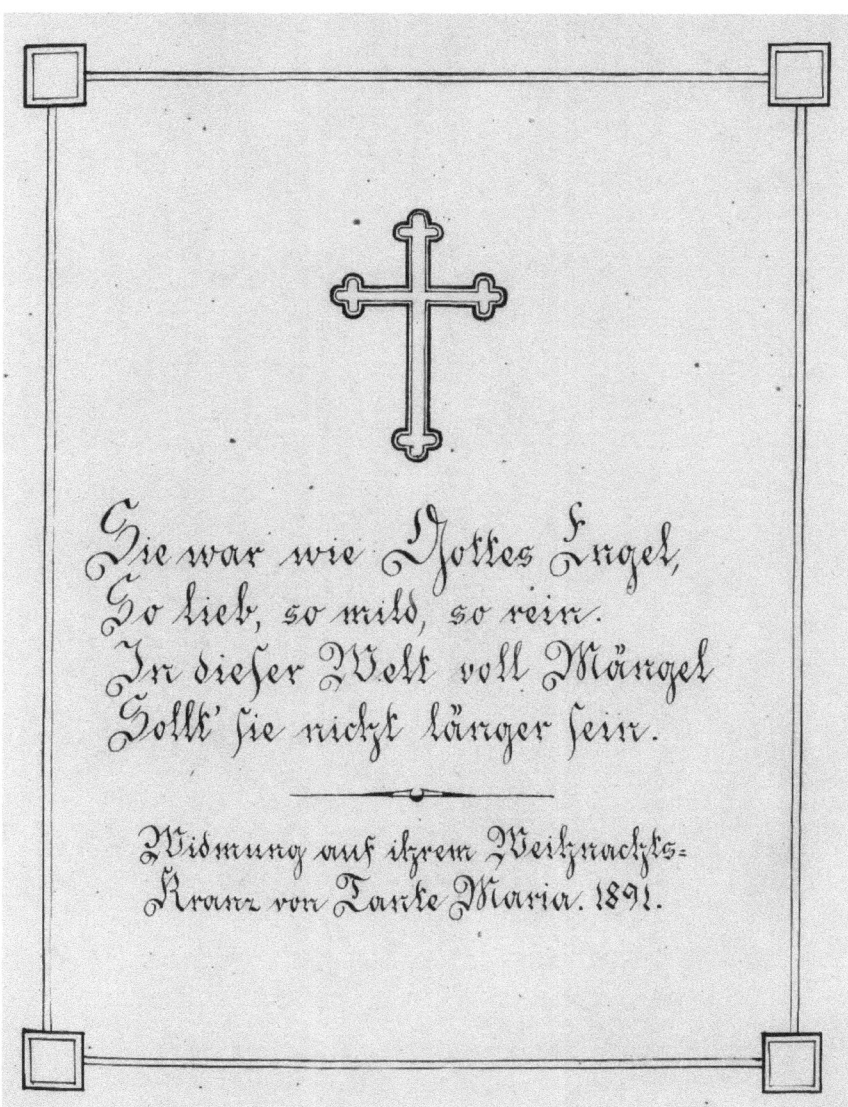

Sie war wie Gottes Engel,
So lieb, so mild, so rein.
In dieser Welt voll Mängel
Sollt' sie nicht länger sein.

———— ◆ ————

Widmung auf ihrem Weihnachts-
Kranz von Tante Maria. 1891.

Marie, Anna, ein Schulfreund von Theodor und Theodor Andresen um 1900. Foto: Archiv Andresen

Dann folgt das Jahr 1894. Am 25. April desselben wurde ich, der Schreiber dieser Zeilen, geboren. Ich werte es immer als ein schicksalhaftes Ereignis, dass ich, welcher der Jüngste unter den Geschwistern bleiben sollte, fast vier Jahre nach der Geburt meiner nächstältesten Schwester und nachdem der Tod bittere Ernte gehalten hatte, noch zur Welt gekommen. Wenn es nun nicht geschehen wäre, frage ich mich gar zu gerne, aber man gelangt bei dieser Frage an einen toten Punkt und es bleibt festzustellen: es ist geschehen. Dem Gedenken meiner früh verstorbenen Schwester, jener Theodora, gab man mir den Namen Theodor. Mit mir, dem Letzten der Kinderschar, der wie ich mir oft sage, noch zufällig mit ins Leben gerufen wurde, ist nun, wenn ich ein wenig überheblich schreiben darf, „Der Chronist der Familie" erstanden. Das Werk, welches der Vater begann und nach kurzen Anfängen bei Seite legte, griff ich auf. Ich reiche ihm damit über sein Grab hin die Hand. Mögen spätere Geschlechter die Kette nicht unterbrechen und auch mir, wenn ich einst den Weg der Ahnen gegangen bin, in diesem Bestreben ihre Hand reichen.[13]

In der Darstellung der Lebensereignisse meines Vaters mache ich an dieser Stelle einen Einschnitt. Ich halte es für richtiger, nunmehr zu einer anderen Art der Lebensbeschreibung überzugehen, nämlich zu der, welche sich bemüht, durch den direkten Hinweis auf wesentliche Charaktereigenschaften einen Einblick in das Wesen dieses Menschen zu geben. Seine Stellung, sein Streben und Schaffen innerhalb des Kreises zu beleuchten, in den er durch seine Eigenschaft als Familienvater wie als Lehrer und als Glied innerhalb des gemeindlichen Lebens hineingestellt ist, muss im Rahmen seines Bestrebens die Art wie die Bedeutung seiner Persönlichkeit am besten zeigen. Denn bei aller Innerlich-

---

[13] Dieser Verpflichtung bin ich nach dem Tod meiner Großtante Anna Andresen 1975 nachgekommen, sammelte das verstreute Familienarchiv erneut, digitalisierte es in vielen Jahren und führte es bis zur Gegenwart weiter.

keit seiner Natur, bei der Veranlagung, alles war ihm in den Gesichtskreis wie in den Kreis seines Handels kam, entweder mit Interesse aufzugreifen oder aber mit der für ihn charakteristischen Art abzuweisen, war er ein Mensch, welcher wirken musste, welcher eine Umgebung gebrauchte, die seine schöpferische Kraft herausforderte.

Das gilt nicht nur in Bezug auf die Menschen, sondern in ganz besonderem Maße für die Natur. Eine solche Darstellung seines Wesens zu geben, muss mir umso leichter gelingen als ich all diese Jahre selbst unter seiner Obhut wie unter der unserer Mutter aufgewachsen bin, als ich bis an seinen Tod im Jahre 1921 in engster Verbindung mit diesem Vater gestanden, als ich – und das dürfte hier wohl das Wesentlichste sein – in einem Alter gereifter Urteilskraft die Möglichkeit hatte, Charakter und Handlungen meines Vaters aus unmittelbarer Nähe in ihren ursächlichen Zusammenhängen zu erfassen. Meine nach seinem Tode betriebenen Studien auf dem Gebiet der Familien- und Ahnenforschung mögen außerdem dazu beitragen, dass ich tiefer zu schauen vermag.

Wenn ich nun zu dieser anderen Art der Lebensbeschreibung übergehe, so will ich dabei zunächst die Person meines Vaters im Umgang mit seiner Umwelt beleuchten. In erster Linie ist dabei die Stellung innerhalb des engsten Kreises, seiner Familie, zu beobachten.

Unser Vater hat immer einen starken Familiensinn gehabt. Auch das ist wohl ein überkommenes Erbe. In väterlicher Weise sorgte er von früh bis spät für die Seinen. In keiner Weise ließ er es an der Erziehung fehlen, wobei Liebe und strenge Zucht sich die Waage hielten. Seine harte Hand ließ er nur wenig fühlen, eher ließ er es bei ernsten, mahnenden Worten bewenden. Nie hat auch nur einen Augenblick seine Autorität gewankt. Wenn der Vater etwas sagte, dann hatten wir Kinder uns darein zu fügen. Eher konnten wir schon Gehör bei der Mutter finden. Aber diese strenge Haltung hatte auch unbedingt ihre Grenzen. Sie war weit davon entfernt, uns zu jener spartanischen Abhärtung von Körper und Geist zu zwingen. Viel, sehr viel Freude und Freiheit, ja, sehr viele freundliche Worte waren bei uns zu Hause. Ich sehe in Gedanken die Gestalt meines Vaters vor mir, wenn wir Kinder in frohem Spiel beschäftigt waren und er wohl eine Weile danebenstand, zu schauen unser lustiges Treiben und sich darüber zu freuen, oft wohl lehrhafte Worte dazwischen werfend. Natürlich urteile ich hier als jüngstes Kind, und ich mag ja immerhin mit einer etwas milderen Hand angefasst worden sein, wie dieses meine älteren Geschwister gerne behaupten.

Aber ich glaube nicht, dass diese heute wesentlich anders denken, wenn auch nach Erzählungen der älteste Bruder Nikolaus oft hart bestraft werden musste. Aber die Hauptschuld hat doch wohl bei ihm selbst, bei seiner lebhaften, zu Streichen stets aufgelegten Knabennatur gelegen.

Sitte und Ordnung wurden uns auferlegt. Dass etwa eine Mahlzeit uns nicht gleichzeitig am Tische gefunden hätte, gab es nicht. Stets musste vor dem Mittagessen von einem der Kinder ein Tischgebet gesprochen werden. Nach dem Essen mussten die Schwestern der Mutter in der Küche behilflich sein, die Knaben hatten aus dem Stallgebäude die Küchenfeuerung hereinzutragen. Dann kamen die Schularbeiten daran, darauf eine Beschäftigung im Haus, Hof oder Garten. Erst gegen Abend wurde Freiheit zum Spiel gegeben. In dem häuslichen Wesen gab es auch immer genug zu tun. Die älteren Kinder mussten die Jüngeren betreuen. Im Sommer galt es, die schönen Gärten zu pflegen, vor dem Hause den Blumengarten, hinter demselben der Gemüse und Obstgarten. Aber über all diese Beschäftigungen zu berichten würde bei nur einiger Ausführlichkeit zu weit führen. Darum lasse ich es bei einigen Andeutungen bleiben.

Schon in seinen jüngsten Jahren hatte unser Vater, der von Haus aus einen starken Sinn für die Gartenarbeit haben mochte, einen Obstbaukursus durchgemacht. Da ja nun der Beruf eines

Lehrers von einer Art ist, die ihm einerseits die Arbeit in der frischen Luft willkommen macht, andererseits aber auch freie Zeit genug lässt, um einer solchen Tätigkeit nachzugehen, so ist es nur bei einiger Lust und Liebe zu erklären, wenn er die Gelegenheit wahrnimmt. Unzählige Stunden hat unser Vater seine Arbeitskraft seinem Garten gewidmet.

Seine Obstbäume waren sein Stolz. Mit Recht. Denn die Erzeugnisse waren von so einer hervorragenden Qualität, dass sie weit und breit bekannt waren. Die Gold-Pommine, die Renetten, die Eisäpfel, die Gelben Richard, die Birnen, die Graf Moltke, die Klapps Liebling in mehr oder minder schönem Aussehen mit ihrem saftreichen Fleisch, dann die Johannisbeer- und Stachelbeer-Plantagen, die Pflaumen, gelb, grün und blau, die Zwetschgen und was es sonst noch alles gibt an Früchten, die ein solch häuslicher Garten bei sorgsamer Pflege hervorzubringen vermag, wie bereiten sie dem Vater unzählige Stunden der Arbeit und der Freude. Er war nicht von der Art, mit diesen Erzeugnissen seines Fleißes und seiner Kenntnisse und Erfahrungen Geschäfte zu machen. Ich bin Beamter, pflegte er zu erklären, das Geschäft muss anderen Leuten bleiben, wenn ich von der Frucht meiner Arbeit abgebe, dann nur als Geschenk. Und in vollem Maße hat er dies getan.

Zunächst durften wir natürlich selbst von den vorgeschriebenen Sorten so viel essen wie wir nur mochten und konnten. Ein großer Teil der Ernte wurde sorgsam auf Hürden gepackt und für den Winter verwahrt. Bis in den Frühling hinein hielt sich der Vorrat. Manchen Winterabend haben wir von der Arbeit des Frühlings und Sommers, von den Früchten des Herbstes gezehrt. Denn waren all diese Verwandten in den Städten zu bedenken. Wie viele Kisten Obst habe ich mit meinem Vater verpackt. Und wie dieses Obst verpackt wurde. Die schönen, edlen Früchte, an denen beileibe keine Druck- oder Fallstelle sein durfte, mussten einzeln in Papier gewickelt werden, worauf sie schichtweise mit einer dichten Lage Heu dazwischen in Kisten verpackt wurden.

Eigenhändig fuhren wir diese Kisten dann hinunter zur Schlei zum Dampfschiff, mit welchem sie ihre Fahrt antraten, um Freude zu bereiten, wohin sie kamen. Waren auch die Verwandten versehen, kamen die Bekannten und Nachbarn an die Reihe. Manche Berufskollegen des Vaters in Stadt und Land, alte Seminarkollegen, bekamen ihre Sendung. Schließlich durften auch die Schulkinder nicht vergessen werden. Nur in ganz vereinzelten Fällen geschah es, dass der Vater – aber dann auch nur, wenn die Kundschaft von selbst kam – auch von dem Obst verkaufte. Dann aber wurde die aller erste Qualität ausgesondert und zu ganz niedrigen Preisen verkauft.

Der materielle Gewinn an der Sache war unserem Vater eben nicht das Wesentliche. Dafür hatte er ja seinen Beruf. Bei ihm war Lust und Liebe an der Sache, die reine Freude die Ernte. Nicht einmal, dass er selbst von diesem schönen selbst erzeugten Obst aß. Ja, es kam vor, dass er die besten, die größten Früchte für sich selbst zurücklegte – und sie verderben ließ, wie er sich dann auch in einer Stachelbeerplantage einen Busch, an welchem die Früchte besonders groß und saftig waren, für sich selbst behielt. Für uns Kinder war es verboten, auch nur eine Frucht zu rauben. Das Ergebnis war, dass die überreifen Bären gar häufig in den Staub fielen. Wenn wir Kinder diese voraussahen, konnten wir es auf Dauer nicht unterlassen, im Vorbeigehen uns an *noli me tangere*[14] zu vergreifen – aber behutsam, denn die Fußspuren hätten uns verraten können.

Bei der Pflege des Gartens war unser Vater, der im Allgemeinen das Neue, wenn es nur praktisch und gut war, nicht ablehnte, stets für Erfahrungen zugänglich. Durch Lektüre wie

---

[14] Die Redewendung *noli me tangere* (lat.) ist in der lateinischen Übersetzung des Johannesevangeliums der an Maria Magdalena gerichtete Ausspruch von Jesus nach seiner Auferstehung (Joh. 20, 17 EU), deutsch: „Rühre mich nicht an".

durch augenscheinliche Überzeugung wusste er stets sich auf dem Laufenden zu halten. Beispielsweise war die seinerzeit aufkommende Handmähmaschine eine bedeutsame Anschaffung. Wenn unser Vater bis dahin alle Rasen – und im Ziergarten vor dem Haus war fast ausschließlich Rasenfläche – mit der Sense mähte, so geschah es jetzt besser, weil sauberer und kürzer mit dieser neuen Erfindung. Seine Anschaffung machte Schule, und bald hatten sich alle größeren Bauern eine solch praktische Erfindung zugelegt.

Rafenmähmafchine von F. Zimmermann, Halle a. S.

Rasenmähmaschine. Quelle: Otto Lueger (Hrsg.), Lexikon der gesamten Technik (²1904)

Auf der Internationalen Kunst- und großen Gartenbau- Ausstellung 1904 in Düsseldorf zeigte die Firma Gebr. Brill, Fabrik f. Rasenmähmaschinen nebst Gartenwerkzeuge, Barmen mechanische Rasenmäher für ein breites Publikum und warb mit dem Hinweis *in den meisten königl., fürstl. und städtischen Gärten seit über 20 Jahren im Gebrauch.*

Waschmaschine mit Wringer 1869.
Quelle: Liberary of Congress, Washington

Ein Ähnliches geschah als die ersten brauchbaren Waschmaschinen aufkamen. Um seiner Frau die Arbeit zu erleichtern, schaffte der Vater solch eine Maschine an, sicherlich in damaliger Zeit eine bedeutende Ausgabe. Anfangs fand die Maschine bei der Mutter nicht den rechten Anklang. Da mögen wohl konservative Anschauungen mitgesprochen haben. Es hat sich ja auch erwiesen, dass selbst heute noch das gute alte Riffelbrett nicht ganz zu entbehren ist.[15]

Noch ist hervorzuheben, mit welcher Sorgfalt und Sauberkeit mein Vater bei seiner Gartenarbeit zu Werk ging. Selbstverständlich musste das Unkraut, diese ewig sich wieder hervorwagenden und unausrottbaren Schmarotzerpflanzen stets und ständig zu Leibe gerückt werden. Mit Stoßen, Hacken und Jäten mussten

---

[15] Theodor Andresen schrieb dies 1935

wir Kinder dabei stundenlang zur Hand gehen, zumeist ange-
trieben von der Mutter, welche vielleicht noch mehr und noch
gründlicher dieses lästige Erzeugnis der Mutter der Erde hasste
und zu vertilgen suchte.

Ein ganz spezielles Werk unseres Vaters aber war die Herstel-
lung der Blumen- und Gemüse- wie Blumenbeete. Selbst als wir
Kinder schon erwachsen waren, ließ er uns kaum an diese Arbeit
heran. In einer Breite von drei Fußtritten wurde der frisch gegra-
bene und geharkte Boden an der Schnur entlang abgetreten,
dann säuberlich eben ausgeschaufelt und – was dieser Arbeit
wohl den besonderen Wert verlieh – die Kanten der Beete mit
der Rückseite des Spatens glatt geklopft, sodass am Ende ein
prächtig sauberes Werk dalag, schnurgerade und eben die
Steige, scharf abgekantet die Beete. Gar vieles ließe sich noch in
diesem Zusammenhange erwähnen, aber es soll ja kein gärtneri-
sches Lehrbuch geschrieben werden.

In späteren Jahren ging unser Vater zu einer neuen Verwer-
tung der Früchte seines Gartens über. Er wagte sich an die Wein-
bereitung. Die Mutter vermochte die Fülle der Beeren nicht mehr
für ihre Saftindustrie zu verwerten. Da beginnt der Winzer sein
Werk. Manch edle Flasche Johannisbeerwein hat in dem Keller
unseres Hauses geruht. Doch wenn ich bedenke, mit welcher
Sorgfalt die Bereitung des Weins betrieben wurde, muss das Erzeugnis auch solcher Art gewesen sein. Freilich, Stachelbeerwein
schien weniger gut zu geraten. Jedenfalls kam der Vater bald
wieder davon ab.

Da es sich hier um die Erzeugnisse des Gartens handelt, darf
ich eins nicht vergessen. Zwar handelt es sich in diesem Falle um
ein halb tierisches Produkt, aber an unseren Garten ist es immerhin geknüpft. Das ist der Honig und sein Erzeuger: die Biene.

Verhältnismäßig spät ging unser Vater zur Bienenzucht über.
Eine besondere Eignung dazu hatte er wohl nicht. Jedenfalls war
es für ihn immer ein gewagtes und schwieriges Spiel, einen Bie-

nenschwarm ein zu stocken. Vielleicht ist er einerseits von Anderen dazu angeregt worden, vielleicht hat er andererseits durch das Interesse an der Sache sich dazu verleiten lassen, kurz, eines Tages begann er, in einer stillen Ecke des Gartens, ganz oben im Schutze eines Erdhügels und einer Hecke von hohen Nussstauden, einen Bienenstand einzurichten. Anfangs waren es nur einzelne Strohkörbe nach altem Muster. Dann vermehrte sich das Volk zusehends und nun begann der Vater, selbstgefertigte kunstvoll eingerichtete Kästen aufzustellen. Ein im Lande weit und breit bekannter Imker unseres Ortes wie auch der zweite Lehrer standen ihm mit Rat und Tat zur Seite. Das Unternehmen schlug ein.

Nur eins war immer mit Schwierigkeiten verbunden: das Stocken. Wenn am heißen Sommermittag der Ruf ertönte: „die Bienen schwärmen", dann ging die große Zeremonie vor sich. Die Bienenkappe, die Pfeife, die mit Holzteilen genährt wurde, dicht schließende Tücher um den Hals und um die Handgelenke, so begab sich der Herr der Völker ans Werk. Wehe, wenn dennoch ein vorwitziges Insekt sich durch irgendeine Ritze verirrte und seine Waffe gebrauchte. Dann konnte sich der Vater sehr aus der Ruhe bringen lassen, und am Ende übergab er dieses gefahrvolle Amt gar zu gerne, wenn es nur irgendwie ging, seinem Kollegen, dem 2. Lehrer, der mit recht viel größerem Stoizismus zu Werk ging und einen Bienenstich nur mit einem leichten Wisch der Hand quittierte. Aber alles andere an der Beschäftigung mit den Bienen brachte dem Vater große Freude. So, wenn die Ernte floss, wenn der goldgelbe Saft aus den dichten, schweren Waben an die Seitenwände der Schleudermaschine spritzte und zähflüssig in die irdenen braunen Töpfe floss, die auf Mutters Kellerregal eine gar willkommene und liebevolle Aufnahme fanden. Natürlich, wenn die Ernte gut war, kamen auch Verwandte und Bekannte wieder ins Gedächtnis. Ich habe nie in meinem Leben eine bessere Honigart kennen gelernt als die unserer Heimat, seither ziehe diese Art immer wieder vor.

Der Bienenstand im Garten von Franz Andresen. Zeichnung von Theodor Andresen, Archiv Andresen

Köstliche Augenblicke auch waren es, wenn der Vater an prachtvollen Sommerabenden, wenn schon der Tag zur Neige ging, mich mit hinaufnahm in den Laubengang zwischen der Nuss- und Hainbuchenhecke oben hinter den Bienenständen, am nächsten Kasten die Klappe öffnete und mich dann durch Glasscheibe hindurchblicken ließ hinein in diesen sonderbaren Tierstaat, in welchem es krabbelte und unablässig summte. Dann standen wir wohl und lauschten auf einen seltsamen Ton, der auf ein kommendes Ereignis deutete, auf das „Tüt-Tüt" der jungen Königin, die ihren Schwarm zum Zuge, den sie für den kommenden Tag projektierte, rief. Oft auch bin ich alleine in heißer Mittagsstunde hinaufgelaufen, habe lange gestanden und beobachtet, wie diese bewunderungswürdigen Tiere ihr Wesen trieben, so wenn ständig vor dem Flugloch die Polizistinnen beschäftigt waren, fremdes Getier, etwa eine vorwitzige dickleibige

Hummel abzuwehren, wie die Reinmachefrauen beständig vor dem Flugloch ihre Flügel vibrieren ließen, um allen Unrat wegzublasen, wie unabhängig der große Herr der Arbeitsbienen ein- und ausschlüpfte, hinaus mit leeren Höschen, hinein mit dicken, gelben Beuteln an den Beinen. Dann kam auch die Zeit der Honigernte, wenn der Herbst sich nahte, musste dem Volk Ersatz geboten werden für die Nahrung, die es ja nicht für die Menschen, sondern für den eigenen Winterbedarf sammelte. Irdene Töpfe, gefüllt mit einer starken Zuckerlösung wurde ihnen als Ersatz angeboten und das fleißige Volk fügte sich darin.

Auch im Ziergarten vor dem Haus hat sich unser Vater viel beschäftigt, wenn auch die Blumenpflege mehr in den Händen unserer Mutter lag. Die Obhut der Rosenbeete wie der Stauden jedoch war die Sache des Vaters, der hier mit kundiger Hand wegschnitt, was nicht geduldet wurde.

Auf dem Hofplatz gab es keine sonderlichen Arbeiten. Der war ja lediglich als Spielplatz für die Schulkinder gedacht. Aber eine Scheune lag neben dem Hause. In den ersten Jahren ihrer Ulsnisser Zeit haben unsere Eltern noch eine Kuh gehalten, wie das früher infolge der Besoldungsverhältnisse der Lehrer der Brauch war. In meiner Zeit jedoch wurde der Kuhstall mit drei Ständen nur als Aufbewahrungsraum für Gartengeräte und dergleichen gebraucht. Hingegen fand der Schweinestall seine bestimmungsgemäße Benutzung. Jedes Frühjahr wurde ein Tier aufgestallt. Abfall aus Haus und Garten halfen bei der Fütterung. Im Herbst kam das große Schlachtfest, worüber ich andernorts ausführlicher berichtete.[16] Auch eine Hühnerschar durfte nicht fehlen, wie zeitweise auch ein Schlag Tauben. Die Pflege dieser Tiere war der Mutter und uns Kinder überlassen. Aber der Vater

---

[16] Theodor Andresen, Tage der Kindheit (Flensburg 1937), hrsg. von Dirk Meier (Flensburg 2010); Nikolaus Andresen. Eine Biographie aus der Kaiserzeit (tredition/Hamburg 2019).

war doch derjenige, welcher auch über dieses Getier seinen ausschlaggebenden Rat erteilte, war er doch selbst aus Bauerngeblüt.

Die Dobermannhündin „Hertha von Stubbe". Federzeichnung
von Theodor Andresen, Archiv Andresen

In diesem Zusammenhang darf auch ein Geschöpf nicht vergessen werden, das in unserer häuslichen Gemeinschaft nie fehlte: der Hund. Das treueste Haustier des Menschen wäre aus dem Hause meiner Kindheit nicht fortzudenken. Dass unser Vater darauf gehalten, dass stets ein solches Geschöpf im Haus war, ist nicht der letzte Beweis für seinen häuslichen Sinn. Immer erst im hohen Alter, wenn die Tiere krank und schwach waren, erhielten sie den Todesschuss. Aber auch wenn dies geschehen war, dauerte es nicht lange, dass ein Nachfolger zur Stelle war.

Sehr gut entsinne ich mich des Ankaufs des letzten Hundes. Wir Kinder waren längst erwachsen. Den Vater schien nun endlich auch dieses Haustier anschaffen zu wollen. Der Terry war tot, war jenem widerlichen Aussatz der Räude zum Opfer gefallen. Zufällig geschah es im Sommer, in den Sommerferien, als wir Kinder zu Hause waren. Wenige Tage nach diesem traurigen Ereignis sitzen wir alle friedlich vereint um den Mittagstisch im Flur des Hauses, den Blick durch die geöffnete Haustür hinaus auf den schönen Ziergarten. Die Gartenpforte öffnet sich. Ein Herr mit einem noch jungen tölpischen Hund von der Dobermannrasse tritt ein, will sich wenden als er sieht, dass er stören könnte. „Kommen Sie näher", ruft der Vater – „Donnerwetter" sagt der Bruder Nikolaus, der Student, „ein schönes Tier". Aber keiner denkt noch daran, dass der Besuch wegen dieses Hündchens geplant ist. Zehn Minuten später, nachdem der Widerstand des Vaters unter dem Zureden des begeisterten Sohnes beseitigt ist, wird der Handel abgeschlossen. „Hertha von Stubbe" ist in die Familiengemeinschaft des Küsters von Ulsnis aufgenommen. Es ist der letzte Hund, den wir von 1911 bis über den Tod des Vaters hinaus besaßen. Unzählige Spaziergänge hat der Vater mit diesem Tier gemacht. Er hat an ihm gehangen gleich wie wir alle. Wenn er auch im Kriege, in den Zeiten der schmalen Kost, den Gedanken hatte, den Hund töten zu lassen, er hat sich doch nicht bewegen lassen, diesen Schritt zu tun. Was wohl zum Wesentlichen dazu beitrug, mag die Tatsache sein, dass die Erziehung und eine gewisse Dressur dieses anhänglichen Tieres in den Händen des Sohnes gelegen, der ein Opfer des Krieges wurde.[17]

---

[17] Nikolaus Andresen starb nach schwerer Verwundung am 18.9.1915 an der Ostfront als Leutnant. Seine Briefpost ruht im Familienarchiv. Die von Theodor Andresen in Kunstschrift verfassten Briefe wurden von mir 1995 ediert. Vgl. auch: Theodor Andresen u. Dirk Meier 2015, 129-149; Nikolaus Andresen. Eine Biographie aus der Kaiserzeit (Tradition/Hamburg 2019).

Anna, Peter, Nikolaus, Marie und Theodor Andresen um 1905.
Foto: Archiv Andresen

Im Winter kamen natürlich die Arbeiten in Hof, Garten und Stall. Aber auch dann bot das schöne, große Wohnhaus genug Arbeit.

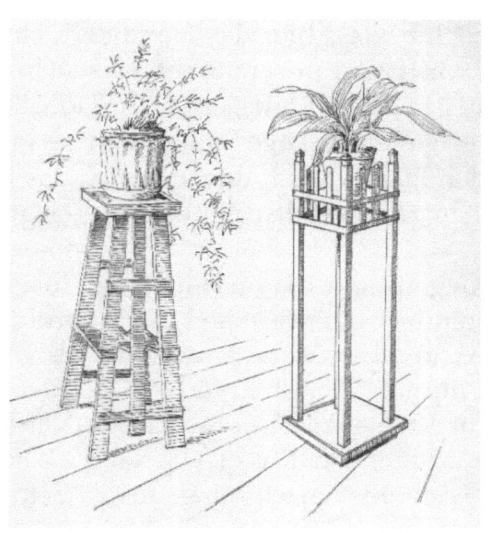

Blumenständer von Franz Andresen. Federzeichnung
von Theodor Andresen, Archiv Andresen

Da erblicke ich meinen Vater zunächst an der Hobelbank.
Oben auf dem großen Boden des Hauses waren mehrere Kammern durch Bretterverschlag abgeteilt. Im westlichen Ende (später im östlichen) befand sich die Klüterkammer oder wie wir sagten, die Hobelstube. Wenn ich diese Bezeichnungen gebrauche, unterstellt sich ihnen unwillkürlich ein Unterschied, den ich hervorheben muss. Der Bauer hat eine Klüterkammer, einen Raum, in welchem alles, was für seinen bäuerlichen Betrieb an Reparaturarbeiten an Wagen, Maschinen usw. auszuführen ist, geklütert wird. Es ist eine Arbeitsstätte für mehr grobe Arbeit im Gegensatz zu dieser Hobelstube unseres Vaters, die schon Anspruch darauf erhebt, als eine kleine Heimtischlerei gewertet zu werden. Eine Hobelbank kleineren Formats aber dafür mit Einrichtungen für allerlei feinere Arbeiten, ein Sortiment von Hobeln, Sägen, Bohrern, Meißeln und sonstigem Handwerkszeug

deuten darauf hin, dass hier das Handwerk einen, wenn auch bescheidenen Griff zur Kunst hinüber macht. Unzählige Stunden hat unser Vater in dieser Stube, an dieser Hobelbank gestanden, er ist im Schweiße seines Angesichts, wenn die glühende Abendsonne über den Fliederbusch dort draußen das Zimmer vergoldete, seine Säge gezogen, das Winkelmaß gelegt, den Hobel gemeistert.

Mancher Gegenstand, der im Haus, sei es in der Küche, in Keller, in Wohnzimmer oder draußen in Hof und Garten Verwendung fand, ist an dieser Stätte entstanden. Es war der Stolz des Vaters, nicht nur alles selbst zu fertigen, sondern auch den Entwurf, etwa für Blumenkästen oder kleinen zierlichen Hausmöbeln, selbst auszudenken. Mit viel Geschmack hat er es verstanden, diese „Heimkunst" nach seiner Art zu betreiben. Ein hochnäsiger Künstler, ein großstädtischer Möbelzeichner würde darüber natürlich die Nase rümpfen. Aber es bleibt dabei, solche Werke haben eben solchen kräftigen Untergrund als die Erzeugnisse der bedeutendsten Künstler. Am Ende schaffen sie alle aus einer Quelle, nämlich aus den ersten Anfängen menschlichen Strebens und Könnens, aus der Quelle des Handwerks.

Die handwerklichen Leistungen und Fähigkeiten unseres Vaters sind ein sprechendes Zeugnis für den Wert seiner Persönlichkeit. Seine Tischler-Erzeugnisse, die sich noch heute in unserer Familie befinden, bezeugen es. Nur eins hat er bei diesen Tischlerheimarbeiten weniger gepflegt, obwohl man annehmen sollte, dass diese Pflege sich durch die Natur der Sache dazugestellt hätte: Das Malen und Polieren. In diesem Falle hat er seine Werke ausnahmslos zum Maler geschickt. Welches der Beweggrund gewesen, vermag ich nicht zu sagen. Warum hätte er sich nicht in bescheidenem Maße auch mit diesem Handwerk beschäftigen sollen? Traute er sich am Ende nicht zu, einen rechten Farbensinn zu haben?

Ein besonderes Feld kunsthandwerklicher Tätigkeit für den Vater war die Kerbschnitzerei. Sie wurde in den Jahren um die

Jahrhundertwende stark betrieben und im Verein mit seiner Tätigkeit auf dem Felde des Tischlerhandwerks konnte sie ohne Zweifel seine Zuneigung finden. Besonders hat er auch seine ältesten Söhne in die Handhabung der Kerbschnitzerei eingeführt. Viele Erzeugnisse sind daraus hervorgegangen: Teebretter, Untersätze, Wandbretter, Zigarrenschränke, Staubtuchkästen in Form von Starkästen und viele andere. Ich selbst zwar erlernte dieses häusliche Kunsthandwerk nicht. Wir jüngeren Geschwister, meine beiden Schwestern und ich empfingen dafür in unseren Kindheitsjahren auf einem anderen Gebiet einen langjährigen Unterricht bei unserem Vater, nämlich das Klavierspiel. Schon von Berufswegen ließ sich der Vater die Pflege der Musik angelegen sein. Er selbst erteilte nicht nur uns, sondern auch anderen Kindern der Gemeinde gegen ein geringes Entgeld Klavierunterricht und hat somit für manchen Familienkreis den Grund gelegt für diese wertvolle Bereicherung häuslichen Gemeinschaftsgeistes.

Unser Vater hat ja die neue Zeit des Rundfunks nicht erlebt. Ich bin überzeugt, dass er sich nicht mit ihr abgefunden hätte. Er wäre dabei geblieben, das wenn auch von manchen Künstlerkreisen noch so gering geartete häusliche Klavierkonzert vor alle anderen Töne zu rangieren, Töne, welche oft in gar zu lauter und gehörverletzender Art die Wohnungen von morgens bis abends durchdringen und einen nur einigermaßen mit einem empfindsamen Gehör ausgestatteten Menschen zur Last werden müssen.

Zu dem Klavierspiel erklang in unserem Hause oft die Geige. Im Unterricht vor seiner Klasse benutzte der Vater dieses Instrument als Begleitung zum Gesang. Es blieb darum nicht aus, dass er das Geigenspiel auch im Hause pflegte, zumal es eine passende Begleitmusik zu dem Klavier ist. Es waren ja keine Meisterkonzerte, die auf diese Weise entstanden, aber das sollten sie auch nicht sein. Den Anspruch auf häusliche Unterhaltungsmusik konnten sie in vollem Maße erheben. Unterricht im Geigenspiel hat unser Vater nur in geringem Maße erteilt, wohl aus dem

Grunde, weil dieses Instrument nicht so sehr volkstümlich war wie das Klavier, dem ja auch ein reichhaltigeres Tongebiet zur Verfügung steht.

Zu einem besonders schönen, ja zu dem schönsten Familienfest des Jahres gestaltete sich in unserem Hause das Weihnachtsfest. Wenn in der Dämmerstunde alles beschäftigt war, um die letzten Heimlichkeiten für die festliche Stunde des Abends zu verpacken, trieb wohl der Vater zur Eile bis er am Ende bat: so, nun kommt alle zusammen, wir wollen beginnen. Die mit Petroleum gespeiste Hängelampe des Wohnzimmers wurde angezündet, ein schwacher allmählich stärker werdender Schein erfüllte den Raum und ein Jeder nahm seinen Platz ein. Der Vater hatte aus irgendeinem religiösen Erbauungsbuche eine passende Weihnachtsgeschichte hervorgesucht, welche er mit ruhiger klarer Stimme, die sich niemals zu irgendwelcher pathetischen Gebärde verstieg, vorlas. Dann musste eines von uns Kindern an eine der Türen treten, um das wunderbare Weihnachtsevangelium von der Menschwerdung Christi aus dem Gedächtnis vorzutragen, worauf die Tür zum Nebenzimmer, zur „Besten Stube" geöffnet wurde, allwo der Tannenbaum im Glanze seiner Lichter erstrahlte. Doch das schilderte ich im Einzelnen alles an anderer Stelle.[18] Eins noch hebe ich hervor, diese Art, den Heiligen Abend zu feiern, ist in unserem Hause nie verändert worden, auch wenn wir Kinder längst erwachsen waren.

Noch eines ist zu erwähnen, dass die Eltern es auch in späteren Jahren verstanden, uns Kindern, die wir ja teils früher, teils später von Hause kamen, für die Zeit der Ferien in den Kreis der Familie zurückzuziehen. Wir Kinder freuten uns ohne Ausnahme stets auf diese Tage und fühlten uns geborgen, wenn wir uns unter dem hohen Dach des Schulhauses in Ulsnis weilten, wenn wir all die bekannten Stätten in Haus, Hof und Garten oder

---

[18] Theodor Andresen, Tage der Kindheit (Flensburg 1937), hrsg. von Dirk Meier.

in der weiteren Umgebung des Dorfes wieder aufsuchten. Wenn wir aber, und das war ja die meiste Zeit des Jahres der Fall, vom Hause fort waren, hielt der Vater immer darauf, uns durch ausführlich geschriebene Briefe über das Tun und Treiben im Elternhaus, über neue Ereignisse im Dorfe Mitteilung zu machen. Unzählige Pakete mit Lebensmitteln, Obst, Wäsche und dergleichen wurden von den sorgenden Kindern der Eltern an uns abgeschickt. In diesem Sinne haben uns die Eltern nie Dinge vorenthalten, die wir nötig hatten, aber sie uns darüber hinaus auch immer zur Sparsamkeit angehalten. Unnütze Leckereien gab es nicht. Wir hatten ja auch alles zum täglichen Leben Erforderliche. Vor Not, Hunger und Armseligkeit bewahrte uns ein gütiges Geschick. Wenn auch der Vater in seiner Stellung als Lehrer und Organist ein Gehalt hatte, dass irgendwelche Einschränkung dieser Art nicht aufkommen ließ, so muss doch bedacht werden, dass dieses auch nur möglich war, weil haushälterisch gewirtschaftet wurde. Zudem erforderte es bedeutsame Opfer, eine gewisse Kinderschar in der Weise wie es geschah – drei von uns wurden zu langem Studium hinausgeschickt – heranzuziehen.

Schulklassenumzug beim Vogelschießen in Ulsnis. Federzeichnung von Theodor Andresen, Archiv Andresen

Ich gehe nun dazu über, meinen Vater in seiner Tätigkeit innerhalb seines Lehrerberufes zu beobachten. Da sehe ich ihn zuerst als einen Menschen vor mir, der seinen Beruf mit einem Ernst anpackte, den man wohl heute nur in seltenen Fällen findet.

Als unser Vater die Stellung in Ulsnis antrat, sah er sich vor eine schwere Aufgabe gestellt. Der Vorgänger hatte sein Amt in starkem Maße vernachlässigt. Der Unterricht war so mäßig gewesen, dass das Wissen der Kinder sich auf einer sehr niedrigen Stufe hielt. Was aber weit schlimmer, die Zucht der Kinder war völlig verwahrlost. Es war fast eine zügellose Horde, vor die unser Vater hintrat. Mit eiserner Faust musste er eingreifen, wenn er nicht als junger Lehrer von Anfang an die Gewalt aus den Händen geben wollte. Die heute noch lebenden Schüler jener Tage wissen davon zu erzählen. Eine solche Umstellung blieb in ihrem Gedächtnis haften. Sie waren gewohnt, im Unterricht nach Belieben zu schwatzen, dem Lehrer „auf der Nase zu spielen." Nun sollte das mit einem Male anders werden. Manch hartes Wort musste fallen, manche Züchtigung ließ sich nicht umgehen. Zu Anfang mag der Lehrer durch dieses scharfe Eingreifen von den Kindern gehasst worden sein, später haben sie es ihm gedankt. Auch ihre Kinder wieder gingen bei unserem Vater in die Schule, und die Eltern wussten aus eigener Erfahrung, dass die Erziehung bei ihm in guten Händen lag.

Der Unterricht selbst wurde nach meinen Erfahrungen zuchtvoll gehalten, aber keineswegs trocken, wie man dieses gar oft bei Lehrern findet, die sich ihres „Pensums" in mechanischer Art zu entledigen wissen. Vielleicht artete diese Zucht hier und da ein wenig in soldatische Exaktheit aus, aber man muss bedenken, dass in jener Zeit, wo auch die Erziehung von hohen Stellen gern preußisch-militärisch regiert wurde ganz im Gegensatz zu den freieren Methoden der Nachkriegszeit ein solcher Ausschlag als aus der Zeit heraus entstanden gewertet werden muss.

Der Religionsunterricht war ein wesentliches Fach. Er wurde nach altprotestantischen Grundsätzen erteilt. Es war sehr viel Einpauken von biblischen Geschichten, von Sprüchen und Chorälen dabei, Dieses hat wohl unser Vater oft zu seinem Leidwesen empfunden, aber er hatte sich den Vorschriften zu fügen. Jedes Abweichen von der streng vorgeschriebenen Linie konnte für den Lehrer unangenehme Folgen nach sich ziehen. Da auch der Ortsgeistliche, mit dem unser Vater auf einem gespannten Fuße lebte, gleichzeitig Ortschulinspektor war, musste der Vater doppelte Vorsicht walten lassen. Manche Methodik auch in anderen Fächern war ihm nicht recht.[19]

Er wäre wohl oft gerne einem, wenn auch nicht rücksichtslosen, so doch fortschrittlichem Geiste gefolgt. Wenn er es konnte, tat er es auch. So entsinne ich mich, dass er bei dem Ausbau der Schulbibliothek sehr oft einen eigenen Weg ging. Er hat diese kleine Sammlung mit der Zeit auf eine beträchtliche Höhe gebracht und scheute sich nicht, auch Bücher hineinzubringen, denen man höheren Orts manchmal ablehnend gegenüberstand. Einen großen Wert legte unser Vater auch auf den Geschichtsunterricht, welcher der Zeit entsprechend, in einem vaterländisch-patriotischem-monarchischem Sinne gehalten wurde. Dabei mag es in der Hervorhebung der Kriegsgeschichte wie der Personen des deutschen Herrscherhauses oft ein wenig zu viel des Guten geleistet worden sein, wenn auch hier unser Vater ohne Zweifel gewisse Grenzen im Inneren trug. Niemals war er ein

---

[19] Am 1. April 1908 trat das neue Volksschulbildungsgesetz in Kraft. Im gleichen Jahr wurden die Lehrer Andresen, Traulsen und Schlobohm vom Schulinspektor Pastor Peters ermahnt, Schüler ab 12 Jahren zum Besuch der Kirche und Kinderlehre anzuhalten. Noch wollte die Geistlichkeit ihren Einfluss auf die Ausbildung der Kinder behalten. Seit 1906 mussten auch Impftermine und Taufe in den Abgangszeugnissen festgehalten werden. 1907 wurde der Gesamtschulverband Ulsnis-Kius gegründet.

Byzantiner, niemals ließ er sich von dem Oberflächengeiste eines lauten Hurra-Patriotismus anstecken. So war ihm die damals übliche Titel- und Ordenssucht aufs Tiefste verhasst, wie er es dann stets ablehnte, seine Fähigkeiten in marktschreierischer Weise hervorzukehren.

Ein wesentliches Fest im Schuljahr jener Zeit war die Kaiser Geburtstags Feier am 27. Januar. Zu dieser wurden allerlei Vorbereitungen getroffen, insbesondere mussten dafür begabte Kinder Gedichte vaterländischer Art auswendig lernen, um sie am Festtag, stehend vor dem Pult, vorzutragen. Unser Vater, der es liebte, zu diesem Tage Eltern und Angehörige der Kinder in die Schule einzuladen, hielt die Festrede.

Eine ähnliche, hochwichtige Schulveranstaltung waren die gelegentlichen Schulvisitationen des Ortsgeistlichen, des Kreisschulinspektors, des Probsten, mitunter sogar des Provinzialvorgesetzten, des Generalsuperintendenten, der viele Jahre hindurch jener bekannte, hochangesehene, aber auch gefürchtete Geheimrat Kaftan war.

Dieser war am 18. März 1847 in Loit bei Apenrade in Nordschleswig geboren worden und hatte in Erlangen, Berlin und Kiel Theologie studiert. Danach war Kaftan zwischen 1873 und 1880 Pastor der dänischen Kirchengemeinde in Apenrade. Von 1880 bis 1884 arbeitete er als Regierungs- und Schulrat in Schleswig und wurde Probst in Tondern, 1886 dann Generalsuperintendent für Schleswig, bevor er 1917 in den Ruhestand trat. Kaftan, der sich von orthodoxen als auch liberalen Haltungen abgrenzte, übte maßgeblichen Einfluss auf die kirchliche Entwicklung Schleswig-Holsteins aus. Bei der Kirchen- und Schulvisitation, wie sie in Ulsnis am 17. September 1903 durch Kaftan oder am 9. Juni 1904 durch den Kreisschulinspektor Probst Hansen stattfanden, durften auch die Eltern erscheinen.

Für uns Kinder war das immer ein gewaltiges Ereignis und nie im ganzen Jahre saßen wir, zudem in Sonntagskleidern gesteckt, so mäuschenstill und verschüchtert auf unseren Bankreihen, ja, nie klopfte wohl unser Herz mehr als an solchem Tage. Aber nie ist auch unserem Vater eine solche Prüfung missglückt. Er hat namentlich von seinem Probsten immer Anerkennung erhalten, oft wohl auch zum Ärger des Ortsschulinspektors. Am 19. April 1909 besuchte Kreismedizinalrat Dr. Suadicani die Schule.

Eine parteiische Stellungnahme unseres Vaters gegenüber besonders begabten Kindern habe ich nie im bedenklichen Maße bemerkt. Wohl bemühte er sich, diesen Kindern, die oft aus Rücksicht gegenüber schwächer Begabten zurückstehen mussten, in irgendeiner Weise zu fördern, ihnen besondere Aufgaben zu stellen, die außerhalb des vorgeschriebenen Pensums lagen. Sonst aber war er gerecht denkend und hütete sich vor allen Dingen, die Kindern begüterter Eltern unterschiedlich gegenüber denen aus der ärmeren Bevölkerung zu behandeln. Auf der anderen Seite ließ er es nicht daran fehlen, schlecht begabte Kinder weiterzubringen, oft sogar außerhalb des Schulunterrichts in der Wohnung.

Ich entsinne mich, in diesem Zusammenhange eines besonderen Bemühens meines Vaters, dass sein Interesse aus uneigennütziger Liebe zur Sache sehr gefangen nahm. Auch in unserer Dorfschule kamen hin und wieder Fälle stotternder Kinder vor. Mit diesen Zöglingen nun hielt er stundenlange Übungen im Sprechen ab, sich dabei nach Methoden richtend, die von wissenschaftlicher wie erzieherischer Seite als die neuesten und fortgeschrittensten anerkannt und empfohlen wurden. Soweit ich entsinne, hat sich unser Vater für diese Hilfestunden außerhalb des Schulunterrichts nichts bezahlen lassen, wenn es aber geschah, so bestimmt in bescheidenem Maße.

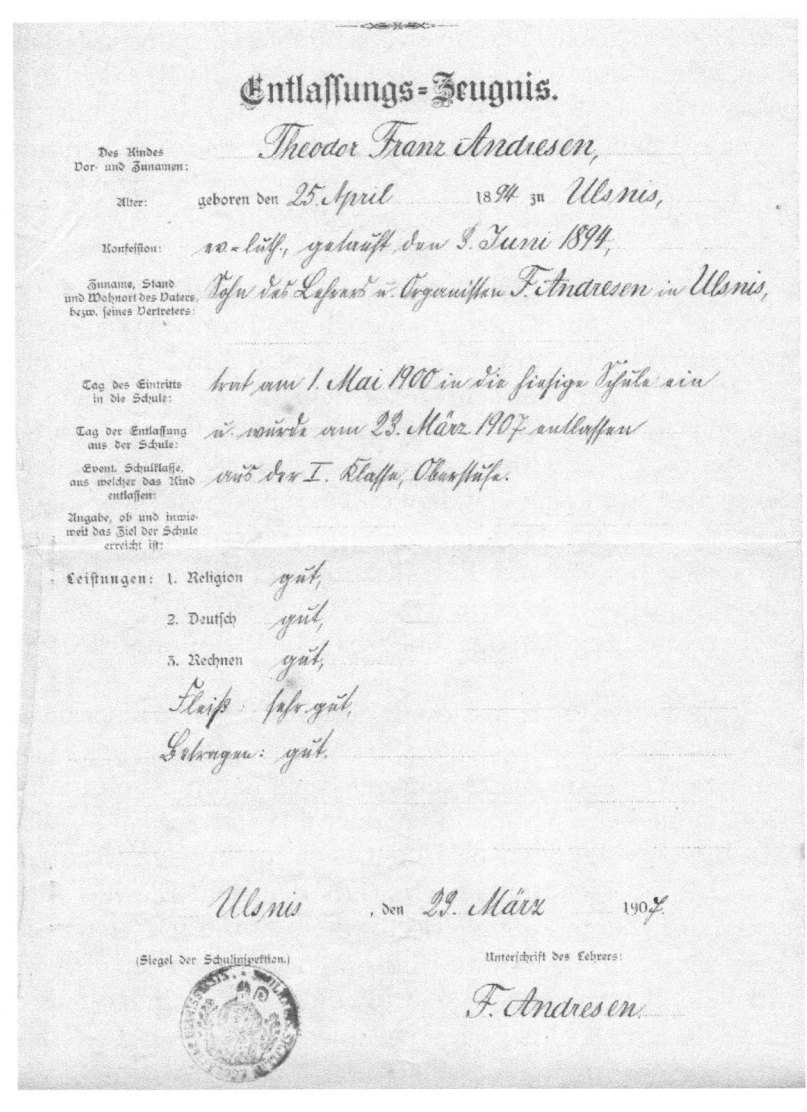

Entlassungs-Zeugnis von Theodor Andresen aus der Schule in Ulsnis, von seinem Vater unterschrieben. Foto: Archiv Andresen

Ein anderes Fach, in welchem er gerne neue Methoden verfolgt hätte, war das Zeichnen. Aber auch hier musste er sich an die verknöcherten, geistlosen Methoden linearen Zeichnens nach Vorlagen laut Vorschrift halten. Der Turnunterricht wurde nicht wesentlich gepflegt. Einen Sport im heutigen Sinne kannten wir nicht.

Außerhalb des Unterrichts war unser Vater stets bestrebt, die Verbindung mit den dafür in Betracht kommenden Stellen unseres Berufs aufrecht zu erhalten. Nicht nur, dass er in der Lektüre darin bemüht war, auch mit den Berufskollegen, sei es in der Korrespondenz, sei es durch familiären Umgang hielt er gerne und oft Umgang, wie er auch ständig die Lehrerkonferenzen seines Gebietes besuchte und sich auf ihren Arbeitsgebieten betätigte.

1905 wurden die Schulräume neu verputzt und gestrichen. Ferner musste aufgrund der mangelnden Wasserversorgung der Brunnen tiefer gebohrt werden.

Ein reiches dankbares Arbeitsfeld für unseren Vater war auch in der Gemeinschaft der Gemeinde gegeben. Die Natur seines Lehrerberufes bedingte, dass er auch hier seine Tätigkeit entfaltete. Es gab wohl kein Haus in der Gemeinde, welches nicht durch die Erziehung eines oder mehrerer Kinder an ihn geknüpft war. Es kommt hinzu, dass er in einem dörflichen Gemeinwesen, den auf dem Gebiete des Geisteslebens durch eine besondere Schule vorgebildeten Menschen – und das sind ja fast ausnahmslos die Pastoren und Lehrer – die Aufgabe zufällt, in Fragen der gesellschaftlichen Lebens die führende Rolle zu spielen.

Manche Ehrenämter sind auf diese Weise unserem Vater übertragen worden. Er war bis zu seinem Fortgang aus Ulsnis der berufene 1. Vorsitzende des Kriegervereins, viele Jahre auch Vorsitzender und passives Mitglied der Feuerwehr.

Wesentlich hierbei war es, dass er bei den größeren Festlichkeiten die Organisation in Händen hatte, noch wesentlicher aber, dass er fast immer zum Festredner ausersehen wurde. Viel hat er dazu beigetragen, dass solche Festlichkeiten mit dem nötigen Geist gewürzt wurden, d.h., dass die Unterhaltung von einer Art war, die einerseits nicht in platte Späße hinabsank, andererseits nicht über das Maß der dörflichen Kultur in ungesunder Weise hinausschritten. Viele Prologe, Gedichte, von Kindern und jungen Mädchen vorgetragen, hat er selbst verfasst, viele Ausführungen unter Benutzung zeitgemäßer Vorlagen hat er geleitet.

Besonders kam auf diesem Gebiet jener aus dem Weeser Geschlecht entspringende Humor, wie ihn Onkel Fritz in so hervorragender Weise besaß, zum Vorschein. Ereignete sich im Dorfe irgendeine Besonderheit, die zum Scherz oder gar Spott der Mitbewohner reizte, war irgendeine originelle Persönlichkeit wieder einmal aufgefallen, dann konnte man mit Sicherheit damit rechnen, dass der „Köster" dieses auf der nächsten größeren Festlichkeit ausnutzte. Manch scherzhaftes Gedicht, manch lange baladenhafte Geistesfrucht wurde da unter Aufwendung von viel Zeit verfasst, und es gab immer eine angenehme Unterbrechung, wenn dergleichen Dinge von oft dafür ausgezeichnet geeignete Dilettanten zum Vortrag kamen.

Da unser Vater ein großer Freund der Musik war, blieb es natürlich nicht aus, dass er auch im geselligen Leben dieses Interesse nutzbar machte. Außer dem von ihm geleiteten Kirchenchor bildete er zeitweise einen Chor junger Damen aus, der bei festlichen Gelegenheiten auftrat. Es handelt sich hier um einen Kreis von Damen, der viele Jahre in unserem Haus zusammenkam. Lebhaft stehen mir diese winterlichen Gesangabende vor Augen. Da sehe ich Schwester Mariechen am Klavier, der Vater dahinter mit der Geige und rund herum der Chor von 5 bis 6 jungen Damen, welcher mehrstimmig all die schönen Lieder meist lyrischer Art unter der kundigen Leitung des Vaters einübte. Das milde gelbe Licht der Petroleumlampe erleuchtete dabei diese Gruppe und verlieh dem Ganzen einen malerischen

Reiz. Die Klänge jener Lieder: „Nun kommt zum Heigen allzumal, ihr lieben Blümelein" – oder: „Ich trage, wo ich gehe, stets eine Uhr bei mir"[20], dringen mir noch heute in den Ohren.

Im Zusammenklange mit all dieser Betätigung innerhalb der Dorfgemeinde ergab es sich von selbst, dass auch der familiäre Verkehr im Orte gepflegt wurde. Mit fast allen Bauern des Dorfes kamen die Eltern zusammen. Einmal im Jahre, im Winter, gab es die sogenannten Schlachterfeste, wenn nämlich der Bauer für seinen Hausgebrauch ein Rind oder ein Schwein geschlachtet hatte, dann kamen alle Nachbarn, worunter auch die „Kösterfamilie" zählte, bereits nachmittags in dem Hause des betreffenden Gastgebers zusammen. Am Abend, d.h. in der 7. Stunde, wurde da ein großes Mahl gereicht. Unser Vater hatte immer das Amt eines Braten-Tranchierers. Es lag stets eine festliche Stimmung im Haus, dem „Saal", wo ein langer Tisch mit viel Sorgfalt und unter Benutzung wertvoller Gedecke hergerichtet war, wenn die große schwere Bratenschüssel hereingetragen wurde, wenn ein lieblicher Duft das Zimmer erfüllte, wenn das knusprige Fleischgericht vor dem Platz meines Vaters hingestellt wurde, wenn dieser sich erhob, die Brille mit bedächtiger Gebärde auf die Nase klemmte, das gewaltige Tranchiergeschirr packte und ein Stück nach dem anderen herunterschritt, um es auf den dafür bereit stehenden Teller zu legen. Festreden wurden bei solchen Gelegenheiten meistens nicht gehalten. Wenn es geschah, war es wiederum der Vater, der hierzu gedrängt wurde.

Zu solchen Jahresfesten gehörten auch die Gänseschmäuse um Martini, denn jeder Bauer hielt sich immer einige von diesem

---

[20] Volkslied von Johann Gabriel Seidl (1804–1875), Melodie Johann Karl Gottfried Loewe 1830, op. 132, no. 3, Melodie: http://ingeb.org/Lieder/ichtrage.html

Kapitolsgeflügel.[21] Selbstverständlich wurde auch in unserem Hause Vergeltung geübt, wobei dann ein Braten seine Nutzanwendung fand, der zumeist vom Schlachter des Ortes gekauft war.

Doch waren es nicht immer große Feste, die unseren Vater seine Pflichten gegenüber der Gemeinde erfüllen ließen. Auch in oft sehr kleinen und kleinsten Liebesdiensten war er tätig. Hier ist einer besonderen Art von Nächstenliebe zu gedenken, die ganz seiner Art entsprach, Menschen in schweren Stunden, wenn auch in noch so bescheidenem Maße, beizustehen. Lag irgendwo im Dorfe jemand, an den ihn besondere Bande gemeinsamer Lebensauffassung knüpften, auf dem Krankenbett, dann stellte sich unser Vater gerne durch einen eigenartigen Liebesdienst zur Verfügung. Er suchte den Kranken auf, setzte sich an sein Bett und nahm es auf sich, zur Erheiterung oder Erbauung des Patienten aus einem guten Buche vorzulesen, immer mit Bedacht solche Geschichten auswählend, die dem Zustand des Kranken angepasst waren.

So hat sich denn der Vater nie vor seiner Mitwelt verschlossen, hingegen hat er im vollen Bewusstsein von den Pflichten, die ihm durch seinen Beruf wie durch die Stellung innerhalb der Gemeinde auferlegt waren, sich bemüht, seinen Platz auszufüllen.

Dennoch blieb es nicht aus, dass er zu Zeiten mit Widerwärtigkeiten zu kämpfen hatte, die bei ihm bei seiner nachdenklichen Art manche Stunde der Bitternis eintrugen.

Es lag wohl zu einem sehr großen Teil in seinem Wesen begründet, wenn er oft harte Zusammenstöße mit einzelnen Personen der Gemeinde hatte. Er wollte dann nicht nachgeben, und die Folge war eine oft scharfe Aussprache mit einem darauf Folgendem langen Zerwürfnis, das vielleicht von unserem Vater

---

[21] So warnten angeblich schnatternde Gänse auf dem Kapitolshügel in Rom die Einwohner 387 v. Chr. vor einem Angriff der Kelten.

schwerer ertragen wurde, als von dem Gegner. Gar manche Fälle
wären hier aufzuführen, so etwa wie unser Vater mit dem nächsten Nachbar, einem Bauern, über die Stauung des Schlussbecks
zur Überschwemmung einer Wiese wegen einer damit verbun-
denen Benachteiligung der Küsterratswiese in einen langwieri-
gen erbitterten Streit geriet. In solchen Fällen hat es unsere Mutter oft verstanden, vermittelnd oder doch wenigstens ausgleichend und besänftigend einzuschreiten, damit den Ausgleich
schaffend, der nötig war, um den harten, bäuerlichen Sinn unseres Vaters im Kampfe mit dem gleichfalls verstockten Sinn des
Bauern des Ortes einigermaßen ins Verträgliche zu lenken.

Unser Vater besaß außerdem einen überaus starken Gerechtigkeitssinn, der ihn oft mit der Wirklichkeit des täglichen Lebens in Konflikt brachte. Vielleicht hätte ihm hier ein wenig mehr
Menschenkenntnis besser getan, denn oft kommt man leichter
über schwierige Lagen hinweg, wenn man die Psychologie seiner Mitmenschen würdigt und sich bemüht, auch ihre Gedan-
kenwelt zu verstehen. Aber das sind Gedanken, die in ihrer Anwendung gar zu leicht zur Verwässerung eines Charakters führen können, und am Ende ist es besser, wenn eine Persönlichkeit
einen willensstarken, ethisch unterbauten Charakter zeigt, auch
auf die Gefahr hin, mit seinen Mitmenschen dann und wann in
ernste Konflikte zu geraten. Als Sohn meines Vaters wäre ich
auch nicht der Rechte, hier zu urteilen oder gar zu richten. Ich
kann an dieser Stelle nur bekennen, dass jener harte Sinn zu einem guten Teil auch in mir ist und es zwecklos ist, ihn ausrotten
zu wollen – lediglich ihn in seinen Auswüchsen zu bekämpfen,
können sich Menschen unseres Schlages unter Anwendung eines
guten Quantums von Selbstzucht bemühen.

Auf noch eine eigenartige Tätigkeit in der Gemeinde hat unser Vater viel Zeit und Mühe verwandt. Es handelt sich um die
Gründung und das Arbeitsfeld eines Obstbauvereins. Aus alter
Liebe zur Sache gelang es ihm, diesen Verein ins Leben zu rufen,
aber die Arbeit auf diesem Gebiet ist wohl am Ende ihm ganz

allein überlassen worden. In den neunziger Jahren des 19. Jahrhunderts wurde durch Ulsnis eine neue Chaussee gebaut. Es handelte sich um die Strecke Süderbrarup–Goltoft, die in ihrem wesentlichen Teil durch diesen Neubau begradigt wurde. Es wurde z.B. das Stück Ulsnis–Hestoft, welches bis dahin, nach alter Weise die Felder schonend, im Zickzack verlief, gerade durchgelegt. Es ist heute eine Strecke von etwa zwei Kilometern. Hier nun machte sich unser Vater ans Werk. Auf seine Ratschläge hin wurden von dem neuen Obstbauverein eine Anzahl junger Apfelbäume gekauft und nach der Art, wie es in südlichen Breiten geschieht, längs der Chaussee angepflanzt, welche Arbeit eigenhändig von unserem Vater unter Zuhilfenahme von Schulkindern ausgeführt wurde.

Ein Gleiches geschah noch hinter Hestoft nach Goltoft zu. Der Versuch glückte nicht in dem Sinne, wie ihn unser Vater erhofft. Sei es nun, dass unser Klima für eine solche Anpflanzung an freien Straßen nicht geschaffen, sei es, dass der Boden nicht geschaffen oder die Pflege der jungen Bäume doch nicht gelang, manche der Bäume gingen ein, andere verkrüppelten, kamen im Wachstum nicht recht vorwärts. Viel Zeit hat dann unser Vater auch noch verwandt, um dieses Missgeschick auszumerzen, vielleicht aus dem Grunde, um gegenüber dem Obstbauverein sein Beginnen zu rechtfertigen. Aber das Werk ist ihm doch nur in unvollkommenen Maß geglückt. Zwar stehen heute noch manche dieser Bäume, doch sind sie nach dem Fortgange des Vaters vernachlässigt worden und wachsen in oft verkrüppelter Form ganz wie die Natur sie wachsen ließ, krumm und schief, breit geästelt oder dürftig verzweigt in alle Richtungen. Eine wesentliche Ernte erbringen sie nie.

Das Nebenamt unseres Vaters war das eines Organisten. Er hat diese moderne Bezeichnung immer der älteren vorgezogen. Das ortsübliche plattdeutsche Wort „Köster" (hochdeutsch: Küster), mit welchem unser Vater unter der Bevölkerung immer genannt wurde, hat er nie leiden mögen, obwohl doch dieses Wort aller Ehren wert ist; ist er am Ende ihm deswegen Feind gewesen, weil es nach seiner alten Bedeutung alle „Dienste" an der Kirche, auch die untergeordneter Art wie etwa die des Glockenläutens einschloss? Die sogenannten niederen Küsterdienste, wie eben jenes Läuten der Glocken, Reinhalten der Kirche u.a. hat unser Vater aber schon zu jenen Zeiten nicht mehr besorgen müssen. Das war Sache des Totengräbers. Die Tätigkeit unseres Vaters als Organist bestand in jenen Tagen meiner Kindheit aus Folgenden Verrichtungen:

Die Orgel der Kirche in Ulsnis. Federzeichnung von
Theodor Andresen, Archiv Andresen

Zunächst hatte er die Orgel zu spielen an allen Sonn- und Feiertagen wie bei allen kirchlichen Handlungen. Die Orgel der Kirche in Ulsnis ist sehr alten Datums und in vielen Teilen stark verfallen. Wiederholt vorgenommene Reparaturen haben den Verfall nicht aufhalten können. So ist es unserem Vater denn oft schwer genug gefallen, dieses Werk zu meistern, aber der 25jährige Umgang mit ihm ließ ihn alle Schwächen und Eigenheiten gründlich kennen lernen, so dass die Töne, welche er den altersschwachen Pfeifen entlockte, völlig genügten, um den schlichten Gesang in der Dorfkirche zu begleiten. Im Geiste sehe ich den Vater vor der Klaviatur sitzen, d.h. wenn man unten im Kirchenschiff saß, sah man weiter nichts von ihm, denn an der Brüstung der Empore befand sich vor dem Spieltisch der Orgel ein großes ovales Schild, welches, die Inschrift tragend: *Halte im Gedächtnis Jesus Christus,* den Rücken des Spielenden völlig verbarg. Ich sehe ihn, wie der Finger über die doppelte Klaviatur gleiten, wie gleichzeitig die Füße über die Pedale wandern, wie dann und wann die Register gezogen oder ausgeschaltet werden, ich gedenke auch einer oft sich wiederholenden komischen Situation, wenn nämlich der alte Kirchendiener, der die Belgen im Parterre zu treten hatte, bei dem Einsatz der Orgel nicht aufgepasst hatte, so dass in den Pfeifen kein Wind war und der Vater genötigt wurde, mit irgendeinem der Register ein den Schläfer aufweckendes Klopfen zu verursachen, so laut, dass die ganze Kirche wiederhallte, wie denn der Sünder in die Balken trat, wie der Wind langsam an hub, die Orgel zu durchströmen, so dass die ersten Töne nur wimmernd und heulend herauskamen.

25 lange Jahre hat unser Vater Sonntag für Sonntag an dieser Stätte seine Pflicht getan, 25 Jahre hat er die Predigten des Geistlichen mitanhören müssen, die oft nicht nach seinem Geschmack waren. Ungern ließ er sich an der Orgel vertreten, denn bei der Eigenwilligkeit des Pastors, der von sich rühmte, ich bin nie in meinem Leben auch nur eine Stunde krank gewesen oder habe meine Pflicht versäumt, konnte er sich nicht entschließen, um einen Urlaub zu bitten. Nur in zwingenden Ausnahmefällen geschah es.

Am Sonnabend ging unser Vater gewohnheitsgemäß hinauf zur Kirche, um die Choräle für den kommenden Sonntag durch zu üben. Dann war es meine Aufgabe, nach der Wohnung des

Pastors zu gehen, um den „Nummernzettel" für die Liturgie zu holen. Es war das Amt unseres Vaters, an den beiden vorhandenen Tafeln diese Nummern aufzustecken.

Das Pastorat von Ulsnis. Federzeichnung von
Theodor Andresen, Archiv Andresen

Ich entsinne mich vieler kleiner Episoden, durch die ich in meiner Kindheit mit Pastor Peters in Berührung kam. Eine sei hervorgehoben:

Ein enger, von hohen Knicks gesäumter Weg führt von der Dorfstraße abseits zum Pastorat. Es ist ein altes, langes, strohgedecktes Gebäude mit weißen Mauern und liegt reizvoll im Schutz eines Wäldchens, die Front zur Kirche gewandt, von der es durch ein Ackerfeld getrennt ist. Immer hatte ein Gang zum Pastorat etwas furchtgebietendes für mich. Vom Vater beauftragt, kam dieses häufig vor. Jeden Sonnabendnachmittag hatte ich eine besondere Mission auszuführen, die sich wie folgt gestaltete. Wenn ich am Pastorat angelangt war, streifte ich die Holzschuhe von den Füßen, öffnete behutsam die schwere Haustür und betrat den geräumigen, kühlen Flur. Leise klopfte ich an die Tür zum Studierzimmer. Auf ein kaum vernehmliches Herein trat ich scheu näher. Das war ein gar seltsames Zimmer. An zwei Wänden ragten riesige Bücherregale bis hinauf zur Decke.

Da standen in Reih und Glied wie Kompagnien von Soldaten unzählige Bücher, Hefte und Mappen, von den dickleibigsten, protzigen Folianten bis zu den schmalen, zerfetzten Broschüren. Vor mir saß an seinem Schreibtisch, welcher zwischen den beiden Fenstern, aufgestellt war, der Pastor, ein Durcheinander von Papier, Zeitungen und Schriften vor sich hingebreitet. Mitten aus diesem Wirrwarr erhob sich ein zierliches, silbernes Kruzifix. Der Geistliche selbst hockte zwischen all dieser Gelehrsamkeit wie die Spinne in ihrem Netz. Er war von kleiner Gestalt. Sein halblang geschnittener Vollbart, der die ganze unteres Gesichtshälfte umrahmte, verlieh seinem Aussehen etwas Alt-Apostelhaftes. Eine goldgefasste Brille nahm den Augen den natürlichen Glanz. Auf dem Kopfe trug er ein schwarzes Käppchen. Ein langer, mit Schnüren und Treffen besetzter Hausrock hüllte den ganzen Menschen ein.

„Ich wollte, mein Vater bittet darum, die Nummern haben" war mein Anliegen. Mit einem gebrummten „hm" griff der hohe Herr zu einem Stückchen Papier, griff aus dem Haufen Bücher ein viel benutztes Gesangbuch mit Goldschnitt heraus und begann, eifrig darin zu blättern. Nach einigem Suchen nahm er seinen Federhalter, tauchte ihn ins Tintenfässchen und kritzelte auf einem Stückchen Papier einige Zahlen hin, welche die Choral- und Versnummern bezeichneten, nach denen die Gemeinde morgen am Sonntag in der Kirche singen sollte.

Diese ganze Zeit stand ich bescheiden an der Tür und blickte mich verstohlen im Zimmer um. Endlich reichte der Pastor mir den Zettel hin, wobei er ein kurzes „Bitte" in seinen Bart murmelte. Schnell bot ich ihm mein adieu und machte mich davon. Nach wenigen Minuten stand ich in der Kirche neben meinem Vater und sah zu, wie er nach dem wichtigsten Zettel die Zahlentäfelchen auf die großen schwarzen Tafeln schob, just wie der Apotheker seine Mixturen auf unfehlbarer Sicherheit nach dem geheimnisvollen Rezept bereitet

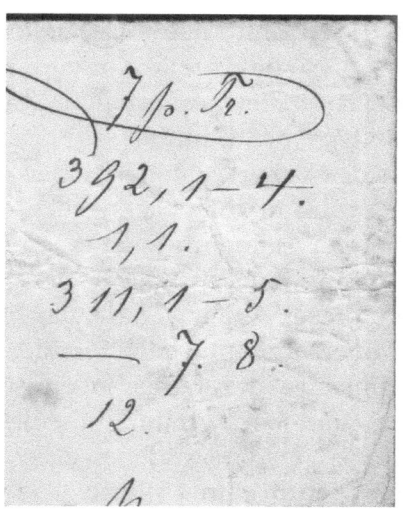

Der Nummernzettel von Pastor Peters für die Liturgie.
Foto: Archiv Andresen

Beim Üben der Choräle musste ich in späteren Jahren auch die Belgen treten. Ein weiteres Amt des Vaters war es, die Lichter auf dem Altar zu putzen oder neue einzusetzen, ferner, wenn es die Zeit des Abendmals war, den Wein aus dem Pastorat zu holen.

Ein sehr wesentliches Amt des Vaters im Kirchendienst war das „Parentieren" bei Beerdigungen. Das rührt von einem alten Brauch her, dass bei Todesfällen der Küster die Andacht im Hause des Verstorbenen zu halten hatte. Dem Pastor blieb nur, am Grabe und in der Kirche seines Amtes zu walten. Jene Parentationen aber waren mit besonderen Mühen verbunden, da es oft weite Wege waren, die unser Vater nach dem Hause des Verstorbenen zurücklegen musste. Wenn er in den meisten Fällen auch durch ein Fuhrwerk abgeholt wurde, zur Winterszeit oder im Regenwetter waren die Unannehmlichkeiten groß genug. Auch musste er die Leichen zum Friedhof begleiten und sogar von der Friedhofspforte bis zur Grabstätte, vor dem Zuge mit entblößtem Haupte hergehend, einen Choral singen. Mit dem Inhalt der Leichenpredigt hat der Vater es immer sehr ernst genommen. Wenn der Angehörige des Verstorbenen in unser Haus kam, um unserem Vater den Todesfall anzuzeigen, setzte er sich mit ihm zusammen, um in aller Teilnahme sich einen Bericht über das Leben, die Erkrankung und den Tod des Verschiedenen geben zu lassen. An Hand dieser Berichte baute er seine ganze Predigt auf. Sie war immer in einem Sinne gehalten, der ganz auf das Leben des Verstorbenen, auf sein Schaffen im engsten Kreis der Familie oder in der Gemeinde Bezug nahm. In vielen Fällen kamen später die Angehörigen der Verstorbenen zu unserem Vater und erbaten sich eine Abschrift seiner Worte.

Aufbarung eines Toten in einem Haus in Ulsnis. Federzeichnung von Theodor Andresen, Archiv Andresen

Die Organistentätigkeit unseres Vaters war die längste Zeit sehr durch das Zerwürfnis mit dem Pastor getrübt. Schon in den ersten Jahren kam es zwischen diesem Pastor und der Gemeinde zu einem unerfreulichen Streit, der darauf hinauslief, dass unser Vater gezwungen wurde, vor dem Gericht gegen seinen Vorgesetzten zu zeugen. Seither blieb das Verhältnis zwischen beiden zerrüttet. Nicht mehr als die notwendigen Worte wurden gewechselt. Eine Darstellung über diese Zustände zu geben, hat unser Vater in einer Niederschrift begonnen, die aber leider nicht zu Ende geführt wurde. Dass er unter diesem Zerwürfnis sehr gelitten hat, unterliegt keinem Zweifel, aber eine Aussöhnung war ganz unmöglich, denn auch jener Pastor hatte einen halsstarrigen Sinn.

Marie, Frau Schmidt (Schleswig), Anna, Anna und Franz Andresen, Theodor Andresen, Nikolaus Andresen (von links nach rechts) bei der Konfirmation von Theodor am ersten Ostertag, d. 4.4.1909 im Garten des Ulsnisser Schulhauses. Foto: Archiv Andresen

In bewundernswürdiger Weise hat es auch hier unsere Mutter verstanden, wenigstens einigermaßen ausgleichend zu wirken, wobei ihr denn der ähnliche Sinn der Frau Pastorin entgegenkam. Um vieles glücklicher würden die langen 25 Jahre unseres Vaters in Ulsnis gewesen sein, wenn nicht dieser unerfreuliche Zustand ihn oft das Leben verbittert hätte. Wie froh war er, als der gealterte Pastor pensioniert wurde. Aber auch das Verhältnis zu dem Nachfolger entwickelte sich nicht wesentlich besser, bis wenige Jahre darauf mein Vater selbst in den Ruhestand trat.

Meine Darstellung wäre nicht vollständig, wenn ich nicht auch von der Gestalt, von der körperlichen Konstitution wie auch der Einstellung unseres Vaters zu einigen alltäglichen menschlichen Gewohnheiten etwas erzählte.

Von Gestalt war der Vater klein, hatte einen kurzen, jedoch keineswegs schmächtigen Körperbau ganz nach der Art des Weeser Geschlechts. Das Gesicht zeigte ein breites Oval mit einer ziemlich hohen Stirn. Seit seiner Junglehrerzeit trug er Schnurr- und Vollbart, letzteren in den späteren Jahren mehr gestutzt. Bezeichnend war es, dass er beim Gehen gerne den Kopf zur Erde gesenkt trug. Seine Gedanken waren wohl ständig in Tätigkeit, ganz besonders in den Jahren des Alters ging er viel so in sich versunken, eine Folge seines oft grüblerischen, verschlossenen Wesens.

Der Gesundheitszustand des Vaters war nicht sehr stark. Er litt Zeit seines Lebens an übermäßigem Schwitzen, offenbar ein Erbfehler von seinem Vater. Ferner war es ein schlimmes Übel, dass er seine Füße nicht warmhalten konnte. Die schwere Typhuserkrankung in seinen jungen Jahren mag dazu beigetragen haben, dass seine Konstitution allerlei Schwächen aufwies. In den Jahren meiner Kindheit hatte er abermals eine schwere Erkrankung zu überstehen, die ihn fast an den Rand des Grabes brachte. Ein Furunkel am Hinterkopf fesselte ihn lange ans Krankenlager. In späteren Jahren machten sich erhebliche Verdauungsstörungen bemerkbar. Es waren die Vorzeichen der furchtbaren Krankheit, an welcher er schließlich zu Grunde ging: des Krebses.

Im Essen wie im Gebrauch von Genussmitteln war unser Vater mäßig. Nur war er ein starker Raucher, besonders die lange Pfeife ein unzertrennlicher Freund. Viele Pfunde „Blätter-Kanaster" hat er in Rauch und Asche verwandelt, viele Kisten Zigarren, damals noch zumeist in 100er Packungen, gingen den gleichen Weg. Seine Raucherleidenschaft ist wohl zu einem großen Teil seinem Beruf schuldig zu schreiben. Das viele Sprechen trocknet den Schlund aus. Das Rauchen hingegen löst den Speichel. Alkohol hat unser Vater in ganz geringen Mengen genossen. Wenn er schon in Gesellschaften und bei Festlichkeiten nicht umhinkam, trank er lieber ein Glas Grog als das kalte Bier, welches sein empfindlicher Magen schwer ertragen konnte. Das Kartenspiel verabscheute er. Er hat sich niemals daran beteiligt. Ihm war eine angeregte Unterhaltung lieber.

Sport hat er nicht betrieben. Dafür war ihm vollkommener Ersatz die Arbeit in Haus, Hof und Garten. An Wintertagen ließ er es sich nicht nehmen, jeden Abend zwischen 6 und 7 Uhr seinen Spaziergang zu machen. Er war beständig dieselbe Wegstrecke, nämlich die unbewohnte Chausee nach Hestoft entlang. 3 bis 4 Kilometer war die tägliche Länge. Gerne benutze er auch im Sommer das Fahrrad zu Ausflügen in die weitere Umgebung. Wir Kinder durften ihn dann begleiten. Er hatte bei solchen Gelegenheiten immer ein Auge für die Landschaft und die Menschen und hat ganz besonders mir schon in meiner Kindheit auf diese Weise die Heimat erschlossen und mich gelehrt, sie zu schätzen und zu lieben.

In den Abendstunden nahm der Vater gerne ein gutes Buch zur Hand. Seine Lieblingsschriftsteller waren Fritz Reuter, Johann Heinrich Fehrs und Wilhelm Raabe. Der köstliche, urwüchsige, gesunde Humor dieser Dichter entsprach der sich zu Zeiten auch bei unserem Vater zeigenden humorvollen Art. Aber auch den Ernst sah er, die tiefere Lebensweisheit, die dahintersteckt. Gerade deswegen las er solche Werke wohl immer wieder. Und er las sie nicht nur für sich. Wie oft ließ er auch durch Vorlesen seine Familie an dem Genuss teilnehmen.

Die umfangreichen schriftlichen Arbeiten, die unser Vater aufgrund seines Berufes auszuführen hatte, fesselten ihn viele Stunden seines Lebens an seinen Schreibtisch. Seine Schriftzüge hatten ohne Zweifel etwas Charaktervolles an sich. Allerdings ist sie in früheren Jahren stark gebunden gewesen, welcher Einfluss durch den Lehrerberuf unseres Vaters bedingt war. Das Schulmeisterliche ist nicht zu verkennen, das Genaue und Saubere, wodurch die Schrift aber auch wieder sehr gut lesbar wird. In späteren Jahren lässt die Sorgfalt nach. Die Hand verliert die Sicherheit. Frühzeitig stellt sich ein leichtes Zittern der Hand ein, besonders nach körperlicher Arbeit und nach erregten Augenblicken.

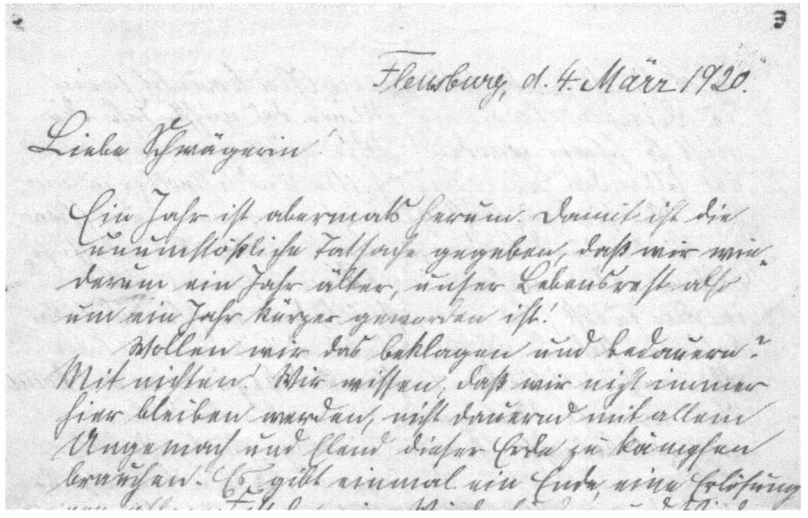

Ein Brief von Franz Andresen. Foto: Archiv Andresen

Das Schulhaus in Ulsnis mit dem Dorfteich „Schütthof" im Vordergrund. Foto: Franz Andresen

In den Jahren 1900 bis 1913 liegt wohl die schönste Zeit unseres Familienkreises. Für unsere Eltern umfasst es die Lebensspanne zwischen dem 44. und 57. Lebensjahre, und in dieser Zeit entfalten sich doch wohl im Menschen, sofern er gesund an Körper und Geist ist, die vollen Lebenskräfte. Für uns Kinder und war es gleichfalls ein glücklicher Zeitraum. Im Jahre 1906, dem Jahre der Silberhochzeit unserer Eltern, war der Älteste von uns 23 Jahre alt, der Jüngste 12. Zudem ist es die Zeit, in welcher ich, der Jüngste, die ganze goldene Freiheit einer auf dem Lande verlebten Kinderzeit genoss. Es ist kein Wunder, wenn sie mir so klar, so ungetrübt, ja, als die schönste Zeit meiner Jugend vor der Seele steht. In meinen Lebenserinnerungen nehmen sie daher auch einen breiten Raum ein. In diesem Zusammenhang, wo es gilt, das Leben des Vaters zu beschreiben, sollen nun einige Ereignisse hervorgehoben werden, die die Gestalt dieses Mannes in den Vordergrund stellen.

Da ist zunächst einmal der bedeutungsvolle Augenblick als das alte Jahrhundert scheidet und das neue seinen Lauf antritt. Die Mitternachtsstunde vom 31. Dezember 1899 zum 1. Januar 1900 meine ich. Ich stehe damals im sechsten Lebensjahr und vermag daher schon, eine Erinnerung von diesem bedeutungsvollen Augenblicke zu bewahren. Ich sehe meinen Vater festlich gekleidet in seinem Klassenzimmer vor dem geöffneten Fenster stehen. Auf dem kleinen Platze zwischen Haus und Straße hat sich eine Menschenmenge versammelt. Fackeln leuchten magisch aus dem Dunkel der Nacht. Stimmen schwirren. Ein kühler Lufthauch dringt herein.

Der Vater steigt auf eine nahe ans Fenster gerückte Schulbank. Er entfaltet ein Papier. Er bittet um Ruhe, und nun hebt er mit einer ruhigen, unpathetischen, aber deutlichen Stimme an, eine Festrede zu halten. Sie trägt einen ersten feierlichen Unterton. Ich sehe die vielen, von dem Schein der Fackeln hell erleuchteten Gesichter. Auch auf ihnen scheint sich ein gewisser Ernst auszuprägen. Ich sehe wieder meinen Vater – wie er zum Schlusssatz ansetzt, wie er seine Rede endet. Eine Pause tritt ein. Ich höre Gemurmel, das langsam erhebt als sollte es etwas Großes werden. Dann ist er da, dieser feierliche Augenblick – oben vom Dachreiter des Kirchleins auf der Höhe klingen zwölf feine, klare Uhrschläge durch die Nacht, über das stille Land.

Alles jubelt auf. Gläser klingen, Glocken setzen ein. Ein Bläserchor stimmt in feierlicher Weise einen Choral an. Stimmen der Männer und Frauen fallen ein. Zu Ende ist der Sang. Einer aus dem Dorfe ergreift das Wort. Seine Rede ist kurz aber voller Scherz und Frohsinn. Dann entsinne ich mich noch, wie die Fenster geschlossen werden, wie wir wieder in unser warmes Zimmer gehen, wo der trauliche, goldene Schein der Petroleumlampe uns wieder in alltäglicher Weise umfängt.

Ein anderes, ja, ein solch alltägliches Bild sehe ich vor mir. Es ist kurz nach dem Mittagessen. Ich liege auf der Diele im kindlichen Spiel mit Soldaten beschäftigt. Der Vater hat sich, wie es alltäglich in der Stunde zwischen dem Mittagessen und dem Schulbeginn geschieht, auf das Sofa gelegt. Vor sich hält er die „Itzehoer Nachrichten", die lange Pfeife, auf den Fußboden gestützt, im Munde. Schwere Rauchwolken lagern in leichten Schwaden schwebend im Zimmer. Von der Küche her drängen gedämpft die Stimmen der Mutter und Töchter, Teller und Töpfe klirren, draußen unter dem Dach zirpen die Spatzen in ihren Nestern. Das ist wohl ein Familienidyll einer vergangenen Zeit; man könnte es spießbürgerlich-alltäglich nennen und sich sagen, welch Aufhebens um solch belangloser Dinge willen. Aber es ist dennoch ein bezeichnender kleiner Ausschnitt einer Zeit, in deren Geist unser Vater lebte, dachte und wirkte.

Beim Spielen mit Soldaten, der Eisenbahn und Kanonen.
Federzeichnung von Theodor Andresen, Archiv Andresen

Ich entsinne mich weiter aus dieser Zeitspanne eines großen Festes. Es ist wohl das größte und schönste gewesen, das je in unserem Hause unserer Kindheit gefeiert wurde. Am 28. August des Jahres 1906 begehen unsere Eltern das Fest der Silberhochzeit. Das ganze Dorf, der ganze Bekannten- und Verwandtenkreis beteiligen sich an dieser Feier. Es sind prachtvolle Sommertage, die sich hinzugesellen. In aller Frühe des hohen Tages versammeln sich draußen im Garten die Dorfmusikanten und bringen ihrem Lehrer und Organisten, ihrem „Köster", ihrem Vorsitzenden im Kriegerverein ein sinnvolles Ständchen. Selbstverständlich sind wir alle fünf Kinder zu Hause. Die Bänke in den Schulklassen werden ausgeräumt, lange Kaffeetische werden gedeckt. Gegen Abend spielt man zum Tanze auf. Es ist ein Fest voller harmonischer Freude und gewinnt an Wert dadurch, dass es im Hause und nicht in der Wirtschaft stattfindet. Geschenke werden von allen Seiten dargebracht. Nie wohl hat die Dorfgemeinde an einem Festtag in unserem Hause in solchem Maße teilgenommen als am 28. August des Jahres 1906.

In ganz anderer Art wurde ein anderes Jubiläum begangen. Es gelang unserem Vater, alle auch die Dorfbewohner hierüber in Unwissenheit zu halten. An gleichfalls einem Tage im Sommer feierte unser Vater die 25. Wiederkehr des Tages, an welchem er die erste Anstellung als junger Lehrer gefunden. Ich habe mich für morgen von dem Unterricht frei gemacht, sagte er eines Abends seiner Familie, ihr müsst morgen frühzeitig aufstehen und die besten Kleider anziehen, wir wollen verreisen. Erstaunt sahen sich alle an. Aber es ist nicht in Erfahrung zu bringen, wohin die Reise gehen soll, noch aus welchem Grunde. Wir raten hin und her. Der Vater schmunzelt. Das bekommt ihr morgen früh genug zu wissen, meint er, der Schleier des Geheimnisses wird nicht gelüftet. Am anderen Tage geht es frühzeitig mit dem Schlei Dampfer lost, Richtung Lindaunis, von hier weiter mit der Eisenbahn nach Eckernförde. Erst auf der Fahrt eröffnet der Vater, was das alles zu bedeuten habe. Und nun liegt abermals ein glänzender Familientag vor uns, der aber diesmal ganz unter uns gefeiert wird. Es ist ein großes, weil seltsames Ereignis als der Vater uns in Eckernförde in eines der vornehmsten Lokale führt, für uns alle ein festliches Essen bestellt, bei dem selbst der Wein nicht fehlt. Spät abends erst geht es heim. Dort hatten sich die nächsten Nachbarn die Köpfe zerbrochen, was wohl bei „Kösters" los sein dürfte. Mit Hilfe unserer Mutter gelingt es ihnen, das Geheimnis zu erfahren.

Der Schleianleger bei Ulsnis. Federzeichnung von Theodor Andresen, Archiv Andresen

Aber auch der Tod meldet sich in jenen Jahren aufs Neue zu Gast. Zwar diesmal kommt er, um ein langes Leben auszulöschen. Die Mutter des Vaters stirbt am 4. Dezember 1907 im hohen Alter von 88 Jahren. Dennoch, für unseren Vater ist dieses ein schmerzvoller Verlust. Wie viel hat er von dieser Mutter, die ihm seit seiner frühesten Kindheit den Vater ersetzen musste, gehalten. Keine Sommerferien vergingen, dass er nicht mit der Familie wochenlang in die Heimat reist und bei der Mutter und Schwester zu Gaste weilt. Nun kann er nicht mehr neben ihr sitzen, ihr die alten, schönen Geschichten von Linning und Minning und Onkel Bräsig vorlesen, dieweil ihre hageren, zitternden Hände den schneeweißen Wollfaden des Spinnrades betasten und gleiten lassen. Sie betten sie dort auf dem Friedhofe in Munkbrarup neben ihrem Manne, der 42 Jahre zuvor von ihnen ging, zur ewigen Ruhe.

1909 fasste Franz Andresen aus Gesundheitsgründen den Entschluss, in den Sommerferien eine Erholungsreise zu unternehmen. Das Ziel war der Harz. Ein mitteldeutscher Kollege meines Vaters brachte durch Bekanntmachung in der Schulzeitung eine Reisegesellschaft zusammen, welche er uneigennützig, nur aus Liebe zur Heimat, als Führer dieser etwa 20 Köpfe starken Gesellschaft in einer vierzehntägigen Wanderung durch das schöne Gebirge ausführte.[22]

Dann folgen die Jahre nach 1910. Die Gesundheit unseres Vaters beginnt nachzulassen. Der Zustand einer zeitweiligen Verschlossenheit, eines In-sich-hinein-Grübelns wird immer häufiger. Nervosität, Reizbarkeit erfasst ihn zu Zeiten, eine Erscheinung, die auf seine Umgebung im Dorfe abstoßend wirkt, unter der seine Frau, unsere Mutter schwer zu leiden hat. Am Ende sind es auch die ersten Anzeichen jener furchtbaren Krankheit, an welcher er viele Jahre leiden soll und die seinen Tod herbeiführt. Er sieht wohl schließlich ein, dass es keinen Zweck hat, im Beruf bis zum Alter der Vollpension auszuhalten. Vorzeitig reicht er unter Beifügung eines ärztlichen Zeugnisses seine Entlassung ein. Sie wird ihm gewährt. Zum 1. Oktober 1913 wird er pensioniert. Er steht damals im Alter von 57 Jahren.

Der Tag des Abschieds von einer Stätte, an welcher unser Vater 25 Jahre seines Lebens gewirkt, rückt nah und näher. Es ist keine Frage, dass es ihm wie auch seiner Familie unsäglich schwerfällt. Unter einer gewaltigen Teilnahme der Bewohner des Ortes wird in der Dorfwirtschaft von Ulnis-Kirchenholz in dem gleichen Saale, wo unser Vater unzählige Festlichkeiten geleitet hatte, ihm zu Ehren ein großes Abschiedsfest veranstaltet. Die Gemeinde überreicht ihm zum Geschenk eine goldene Taschenuhr mit der Prägung: *Für 25jährige treue Dienste, Ulsnis, 1.10.1913.*

Aber am schwersten sind doch in den letzten Wochen die kleinen, alltäglichen Dinge zu ertragen. Das Haus muss nach und nach geräumt werden. Da man nicht alles mit in die kleine städtische Wohnung nehmen kann, wird eine Auktion veranstaltet.

---

[22] Die Harzreise beschreibt Theodor Andresen in „Tage der Kindheit".

Unzählige Dinge müssen verbrannt werden. Und eines Tages halten jene großen Möbelwagen der Speditionsfirma Isaak, Kappeln, vor der Tür, derselben Firma, die vor 25 Jahren den Umzug von Scheggerott nach Ulsnis durchführte. Ein Stück nach dem anderen wandert hinaus. Allmählich auch, ja, mit jedem Stück, müssen sich auch die Gedanken von diesen Stätten lösen. Wie anders sind sie als damals. Welch freundliche, aber auch ernste und traurige Erinnerungen knüpfen sich an diese Räume. Wie bitter ist es, das Letzte zu tun, den Schlüssel abzuliefern, die Gartenpforte zu schließen. Da rollt nun das Fuhrwerk des Nachbarn die Dorfstraße entlang. Noch einmal ein Winken, ein Grüßen, ein Blick zum schlichten, weißen Kirchlein auf der Höhe, ein Blick hin über die Felder und Wälder, über die Schlei, die dazwischen blinkt – und die letzte Minute einer langen, langen Zeit ging dahin.

Franz Andresen und seine Frau Anna, geb. Petersen.
Foto: Archiv Andesen

ERSTER WELTKRIEG UND LETZTE LEBENSJAHRE IN FLENSBURG 1913 – 1921

Für welchen Wohnort sich unser Vater für die Zeit seines Alters entscheidet? Die Frage Kiel war aufgeworfen, auch wohl Schleswig, am Ende bleibt es bei Flensburg. Den Sohn Nordangelns zieht es nach der schönen Stadt an der blauen Förde. Sie ist nicht zu groß und nicht zu klein und bietet alles, was man wünscht. Eine Wohnung ist bald gefunden, freundliche fünf Zimmer in der ersten Etage des Hauses Dorotheenstraße 28. Nicht weit davon – an der Marienhölzung – mietet der Vater sich schon in den ersten Tagen einen Familiengarten. Viele Stunden seines Lebensrestes verbringt er hier. Zwar, es ist nicht der schöne, große Garten von Ulsnis mit all seinen Früchten, er ist es ebenso wenig wie die Wohnung, aber mit der Zeit gewöhnt man sich auch daran. Oft wohl ziehen die Gedanken zurück nach Ulsnis. Die Verbindung wird auch nicht abgebrochen, sondern anhaltend gepflegt. Briefe, Nachrichten wandern hin und her, und am Ende ist es ja auch gar nicht so weit, dann und wann hinüberzufahren. Überall stehen dort die Türen offen. So zieht das neue Jahr, 1914, ins Land. Die Sonne strahlt über den reifenden Feldern. Und doch...

Der Einschnitt, den der Ausbruch des großen Krieges am 1. August 1914 in das Leben eines Jeden verursachte, ist so tief und klaffend, dass er wohl von jedem Menschen, der jene Zeit miterlebte, als eines der bedeutendsten Ereignisse unseres Zeitalters empfunden wird.[23] Wir alle waren uns wohl damals des Ernstes und der Größe des Augenblicks bewusst, aber wir ahnten nicht

---

[23] Theodor Andresen schrieb dies 1935, wenn er auch ahnte, dass Hitler einen neuen Krieg verursachen würde.

im Entferntesten, was in der Folge sich ereignen würde, ja, dass mit diesem Tage unwiederbringlich eine schöne Vergangenheit hinter uns lag.

Unser Vater, der ja glaubte, einen ruhigen Lebensabend vor sich zu haben, wurde durch dieses Ereignis um die besten seiner Hoffnungen gebracht. Wir drei Söhne im kriegsdienstpflichtigen Alter, der Älteste von uns musste sich mit dem ersten Kriegstag melden und kam im Verlauf von einer Woche bereits an die vorderste Front.

Die Eltern hatten für die Erziehung dieses Sohnes vieles hergegeben. Die Zeit schien herangerückt, wo dieser Sohn, im 30. Lebensjahre stehend, sich auf eigene Füße stellen konnte. Da kam dieser Einschnitt. Nun stand er im blühenden Mannesalter Tag für Tag vor dem Tode, Tag für Tag sorgten sich Eltern und Geschwister. Aber die Tage, die Wochen, die Monate gingen. Durch alle großen Schlachten an der Westfront ging er unverletzt hindurch. Briefe wurden gewechselt. Aber die Angst wollte nicht weichen. Der dauernde Zustand der Ungewissheit zermürbt de Menschen, er untergräbt die Festigkeit des Körpers und der Seele, zumal wenn es Menschen sind, die im vorgerückten Alter stehen, wenn es die Eltern sind, die ein Leben lang sich um das Wohlergehen ihrer Kinder gesorgt haben. Waren sie es nicht, die über ihrem ersten Atemzuge wachten, das zarte Leben der Säuglinge hüteten, die alle Liebe und Sorge aufwandten, als es galt, das Kind im Rechten und Guten zu erziehen, die immer noch da waren, als das Kind von zu Hause ging, welches nichts ahnend weiter auf dem rechten Wege geleitet wurde von diesen Eltern, ja, welche stets die Tür offen hielten, wenn dieses Kind heimkehrte, ihm seine Wünsche erfüllten. Und nun sollte die Frucht all dieser Liebe und Sorge mit einem Male zunichte gemacht werden, nicht durch einen natürlichen Tod, denn gegen den sind wir alle machtlos, nein durch einen sinnlosen, mörderischen Tod, durch ein Stückchen Blei, durch die gemeinsten Mittel menschlichen Erfindungsgeistes.

In unserem Vater hat sich all die Jahre ein bitterer Gewissens- und Glaubenskampf abgespielt. Einmal dachte er ganz im alten vaterländischen Sinn, aber auf der anderen Seite war sein väterliches Gefühl stark. Nicht immer sind die beiden miteinander zu vereinen, am schwersten in Zeiten des Krieges. Ein kleines Erlebnis, das unser Vater in jenen Kriegsjahren hatte, möge hier eingeführt werden. Eines Tages trifft er auf der Straße einen seiner alten Seminarkollegen, der ihm erzählt, dass nun auch sein dritter Sohn gefallen sei, worauf er hinzufügt, und wenn ich einen vierten opfern sollte, so müsste das im Hinblick auf die große vaterländische Sache geschehen. Unser Vater kommt nach Hause und erzählt seiner Familie diese Nachricht und die Worte des Kollegen. Es steckt wohl ein bewundernswürdiger, großer, starker Geist in diesen Worten, meint er dazu, aber ich kann diesen Geist doch nicht begreifen. Da ist in dem Vater das Gefühl der Elternschaft zu mächtig. Nein, unser Geschlecht war und ist zum Heroischen nicht geboren, denn unser Gefühl und Gemüt ist zu stark.

Dann kommen die Sorgen um den jüngsten Sohn. Auch er wurde gerufen, musste im ersten Kriegswinter mit in die Kämpfe an der Ostfront.[24]

So sehr wir Jüngeren uns damals voller Wehmut von dem Elternhause, von der Heimat trennten, so sehr wir uns immer wieder nach ihr zurücksehnten, von den furchtbaren Qualen der Eltern, die um ihre Söhne Tag um Tag, ja allnächtlich in schlaflosen Nächten bangten, können wir, die wir ja noch keine Familiengründung kannten, uns keine Vorstellung machen. Erst der, welcher aus eigener Erfahrung weiß, was es heißt, ein Kind, zwei oder drei oder gar mehr vom ersten kleinen Lebenszeichen an aufzuziehen, zu betreuen und alle Sorge daran zu wenden, vermag ein wenig zu begreifen, welcher Art jene Qualen gewesen

---

[24] Meine Kriegserlebnisse 1914/15. Selbst verfasst und geschrieben Th. Andresen (Flensburg 1938). Herausgegeben von Dirk Meier (Flensburg 2010).

sein müssen. Das überdies solche Qualen einen gealterten und in der Gesundheit angegriffenen Menschen zu Grunde richten können, wird man schwerlich bezweifeln.

Ich kam, wenn auch mit schwerer Verletzung, frühzeitig zurück aus dem Kriege, wurde im März 1915 in ein Lazarett in Magdeburg eingeliefert. Wenige Tage nachdem machte der Vater sich auf den Weg, um mich wiederzusehen. Es war am Abend bei Lampenlicht als ich von meiner Bettstelle aus in einem von Verwundeten überfüllten Saale an der großen Eingangstür das ernste, fragende und suchende Gesicht meines Vaters erblickte. Ist es ein Wunder, dass dieser Blick mir ewig in der Erinnerung geblieben? Als er mich gefunden, kam ein anderer Zug über sein Antlitz. Auch den vergesse ich nicht, denn er sagte mir, obwohl ich mich nicht sterbenskrank fühlte, bist du es oder bist du es nicht, er schien zu fragen: Lebst du oder bist du tot. Die ganze Innerlichkeit seiner Gedanken kam in diesem stummen Mienenspiel zum Ausdruck und erst als ich ein wenig lächelte und den Mund auftat, wich der Ernst von seinem Antlitz und mehr und mehr tat sich die Freude kund, dass die Besorgnis unbegründet sei.

Aber der Krieg ging weiter. Wenn ich auch gerettet war, der älteste Sohn und Bruder stand immer noch draußen vor dem Feind. Eine kurze Urlaubszeit, wie die Zeit einer Genesung infolge einer leichten Verwundung im Sommer 1915, verbrachte er zu Hause. Alle Liebe verwandte der Vater, um diese Tage für alle glücklich zu gestalten. Es waren die letzten. Gar bald musste der Sohn wieder hinaus.

Kurze Zeit darauf, im September 1915 kam jene niederschmetternde Nachricht, die jeden Tag seit dem 1. August 1914 zu befürchten war. Dieser Tag, der 18. September 1915, hat auch meinen Vater eine so schwere Wunde beigebracht, dass sie mit dazu beitrug, ihn dem Grabe näher zu bringen. Wohl hat er noch sechs Jahre gelebt, wohl hat er noch manch bittere und ernste Ereignisse ertragen müssen, aber dieser Septembertag mit seiner furchtbaren Schwere hat doch ursächlich dazu beigetragen, dass seine geistige Lebenskraft aufs Schwerste getroffen wurde und sich zu allem Unglück mit einem anderen Übel verbündete, seinem körperlichen Leiden.

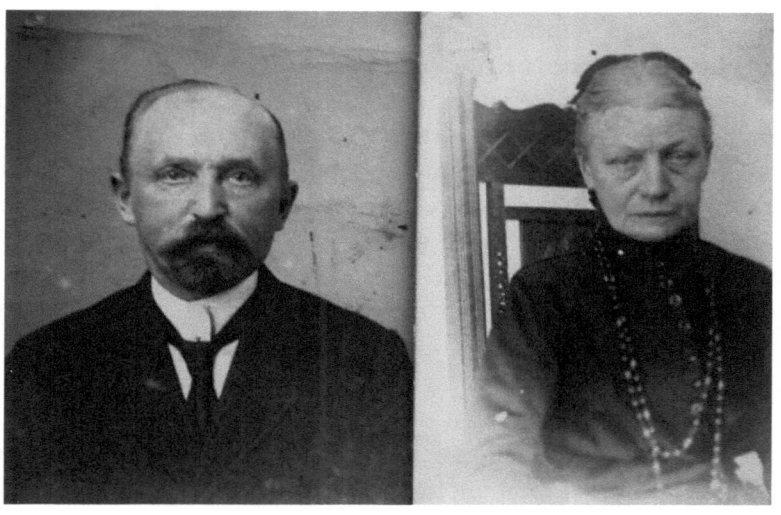

Franz Andresen und seine Frau Anna im Alter.
Foto: Archiv Andresen

Dieses Leiden mochte schon lange an seiner Gesundheit gezehrt haben. Er hat wohl am Ende auch geahnt, was ihm zu Grunde lag, scheute er sich doch lange Zeit trotz der Schmerzen, die er ertragen musste, sich operieren zu lassen. Seine Konstitution wurde immer schwächer, hinzu kam die seelische Stimmung, die sich in oft tage-, ja wochenlanger Verschlossenheit äußerte. Seine Lebenskraft war gebrochen. Die Ereignisse der Zeit taten das ihre.

Der Zusammenbruch Deutschlands 1918, das Friedensdiktat, die Zeiten der Unruhe, der Zersplitterung, der Bruderkämpfe im

Lande, alles das ging ihm zu Herzen zumal es scheinen wollte, als wäre das vierjährige grausige Morden umsonst gewesen, als wäre das Leben des eigenen Sohnes sinnlos geopfert. Auch die Ernährung der Kriegs- und Nachkriegsjahre mögen seine Krankheit gefördert haben. Aus seiner vaterländischen Gesinnung heraus scheute er sich nicht, auch nur den geringsten Anspruch auf eine bessere Ernährung zu erheben. Er lebte nach den Gesetzen, die, Tag für Tag polypenartig wachsend, die Rationen der Ernährung verkleinerten. Wenn die Ablieferung an Zeug, Metall und dergl. gefordert wurde, gab er bereitwillig und scheute sich, auch nur ein Stück zu verheimlichen. Wenn Kriegsanleihen auferlegt wurden, so zeichnete er. Wenn er erfuhr, dass es Menschen gab, die anders dachten und handelten, die Hab und Gut zurückhielten, ja, die es noch vermehrten und häuften, dann sagte er nichts, aber im Inneren grämte er sich und begriff nicht, wie ein solches Handeln nur möglich war.

Er mag in jenen Jahren selbst an der Menschheit verzweifelt sein. Seine Wahrheitsliebe, sein Gerechtigkeitssinn und Pflichtgefühl wurden immer mehr in die Enge getrieben. Alles zehrte an ihm, alles half mit, ihm sein Grab zu schaufeln. Dennoch tat er ein Übriges, ganz aus dem Geiste seiner vaterländischen Gesinnung heraus. Er meldete sich freiwillig zum Dienst als Lehrer an den Schulen der Stadt. Die jungen Lehrkräfte waren eingezogen und man war genötigt, um den Unterricht nicht ausfallen zu lassen, die pensionierten Lehrer wiedereinzustellen. Trotz der angegriffenen Gesundheit tat unser Vater mehrere Jahre diesen Dienst, der ihm oft unsäglich schwerfiel.

In jenen Jahren auch geschah es, dass seine Schwiegermutter, seine alte Pensionsmutter aus seiner Seminarzeit, die Frau des Bäckers Peter Petersen im betagten Alter starb. So sah unser Vater einen nach dem anderen ins Grab sinken. Wenn er auch erst 60 Jahre alt war, er fühlte, dass das Leben ihm nichts mehr geben konnte. Seine Kinder waren groß, wohl sorgten Frau und Tochter um sein Wohl, wohl genoss noch der Jüngste die Fürsorge der Eltern, aber sonst sah es ringsum trübe aus.

Im Jahre 1919 starb der letzte seiner Brüder, der von dem er so viel gehalten. Unser Vater setzt sich hin und schreibt aus der Tiefe seiner Seele heraus einen langen Nachruf über seinen Bruder Heinrich, um sein arbeitsreiches Leben inmitten einer vielköpfigen Familie. Dann legt er die Feder hin, das Konzept in seinem Schreibtisch. Wohl kommen dann und wann Augenblicke, in denen das Leiden von ihm zu weichen scheint, so ein kleiner Sonnenstrahl hereinfällt, wohl entsinnt er sich dann seines langen Lebens, greift er wieder zur Feder und beginnt von seinen Eltern, von seiner Kindheit, von dem heimatlichen Dorfe zu schreiben. Aber es ist ein Aufflackern. Kurze Zeit darauf sind die Schmerzen wieder da, stellt sich wieder das Grübeln ein, wendet sich der Blick ins Grau der Hoffnungslosigkeit. Es kann nur ein Ende geben, den Tod.

Die Schmerzen werden so unerträglich, dass ein Ende gemacht werden muss. So oder so. Anfang März des Jahres 1921, kurz vor seinem 65. Geburtstage, unterzieht er sich der gefahrvollen Operation. Sie ergibt, dass es sich um ein großes Krebsgeschwür im Mastdarm handelt. Es wird entfernt. Aber das Herz des Kranken ist nicht mehr stark genug. Am 8. März stehen wir, Frau und Kinder, im St. Franziskuskrankenhause um sein Sterbebett versammelt. Er fühlt sein Ende. Er will den Mund öffnen, will etwas sagen, aber er hat die Kraft nicht mehr, das Auge bricht – sein Leiden ist zu Ende.

Obwohl bis dahin nicht darüber gesprochen wurde, unser einmütiger Wunsch ist es, ihn nach jenem Friedhof zu bringen, auf dem er 25 Jahre seines Lebens am Grabe all der Menschen gestanden, über deren offenen Sarg er die Worte des Abschieds gesprochen, an dieselbe Stätte, wo man vor 30 Jahren jene früh verstorbenen Kinder zu Grabe trug.

Als der Leichenwagen sich Ulsnis nähert, setzen von der Höhe die Glocken ein. Aus den Häusern kommen die Leidtragenden, Alt und Jung, um das letzte Geleit zu geben. Vor dem Kirchhofsportal hält der Zug. Alte Nachbarn stehen da, heben den Sarg nieder, tragen ihn über den Friedhof zum Grabe. Die Fahnen des Kriegervereins senken sich. Der Geistliche spricht seinen Segen. Dumpf schlagen drei Schaufeln Erde auf die letzte enge Wohnung unseres Vaters.

Wie unser Vater, begann auch unsere Mutter nach dem Kriegstod des ältesten Sohnes sehr zu altern. Doch ihrem Wesen blieb sie auch jetzt noch treu, denn ihre duldsame und arbeitsame Natur hielt sich unangefochten aufrecht. Auch der letzte Kummer blieb ihr nicht erspart, der, dass der Mann vor ihr aus dem Leben schied. Unter der treuen Pflege der zweitältesten Tochter Anna hat sie dann noch sechs Jahre gelebt. Kein schöneres Ende konnte ihr bereitet sein.

Wohl traf ihr plötzlicher Tod uns Angehörige wie ein Schlag aus heiterem Himmel. Noch waren wir alle fröhlich beisammen gewesen und wenige Tage darauf standen wir um ihren Sarg versammelt. Eine immer stärker werdende Aderverkalkung machte es auf Anraten des Arztes notwendig, dass man sie zur Ader ließ. Das geschah an einem Tage im Monat April. Am Abend desselben Tages fühlte sie sich ein wenig geschwächt und ging frühzeitig ins Bett. Morgens in der Frühe hörte unsere Schwester, die bei ihr im Zimmer schlief, ein Aufstöhnen. Als sie sich um sie kümmern will, tat hat schon das Herz seinen letzten Schlag getan. Nach einer schlichten, häuslichen Trauerfeier an ihrem Sarge in der Wohnung Dorotheenstr. 28 I erfolgte die Überführung mit Leichenwagen nach Ulsnis, wo sie am 12.4.1927 an der Seite ihres Mannes, unseres Vaters, zur letzten Ruhe gebettet wurde. Auch an dieser Beerdigung beteiligte sich die Bevölkerung der Heimat in reichem Maße.

Mich hat in meinem bisherigen Leben nichts so tief ergriffen, als der Tod dieser meiner Mutter. Ich darf wohl sagen, dass von dieser Stunde an mein Innenleben, wollte ich des mit einem Pokal vergleichen, einen anderen Klang annahm. Es ist wohl doch so, dass die Söhne ein tieferes kindliches Gefühl an die Mutter knüpft, die Töchter hingegen an den Vater.

EPILOG

Ich überschaue mein Werk und erkenne mehr und mehr die Mängel, die ihm anhaften. Es ist wohl in unserem Geschlecht ein vererbtes Übel, dass wir nur zu oft das vollendete Werk mit einem Gefühl der Unzufriedenheit bei Seite legen, dass wir unter dem Übergewicht unserer Selbstkritik nicht die Energie aufbringen, es um – oder neu zu gestalten.

Was ich aber als Nutzen aus diesem Werk ziehe, das ist die Erkenntnis von der Eigentümlichkeit unseres Geschlechts, insbesondere des Geschlechts, dem unser Vater entstammt.

In drei Menschen vermag ich das Wesen dieser Eigentümlichkeit immer klarer zu erkennen: an unserem Vater, an jenem im Kriege gefallenen Sohn, unserem Bruder, und – wie sollte es anders sein – an mir selbst.

Da ist an aller erste Eigenschaft der harte Sinn. Man mag ihn Eigensinn, Halsstarrigkeit, Launenhaftigkeit nennen, mag ihn als üble Eigenschaft verurteilen – es ist nichts daran zu ändern – der harte Sinn sitzt in unserem Blut. Er hat sich wohl aus dem Angler Bauernblute entwickelt. Aus welchem Gliede, aus welchem Blutmischungen? Wer will das sagen. Schon bei jenem Jens Jacob, unserem 1777 geborenen Urgroßvater, mag die Eigenwilligkeit stark gewesen sein. Auf ihn folgt sein Sohn Franz Christian, jener Franz Buer. Seine Gestalt steht nach dem, was ich von ihm weiß, schon klarer da. Er war ein eigener Mensch. Er ließ sich nicht befehlen. Mit seiner Halsstarrigkeit sondergleichen setzte er seinen Willen durch. Er ging lieber an seiner letzten Krankheit zu Grunde, als dass er von seinem Grundsatze abgegangen wäre, ein Arzt in sein Haus kommen zu lassen. Und sein Sohn, unser Vater? In vorstehender Darstellung ist verschiedentlich zum Ausdruck gebracht, wie stark auch bei ihm die Eigenwilligkeit sich äußerte. Er hat sich viele Feinde damit geschaffen. Aber wer will den Stein aufheben? Und wiederum sein Sohn, unser Bruder? Schon aus seiner Kindheit wird berichtet, dass er von einer Halsstarrigkeit, seinen Willen durchzusetzen, besessen war, die seinen Eltern viel Kummer und Sorge bereitete.

Ja, in seinem späteren Leben geschah es, dass seine Eigenwilligkeit gar oft mit der des Vaters aneinandergeriet. Der Vater wollte befehlen, wollte seine Meinung als die gültige und herrschende anerkannt wissen, der Sohn aber widersetzte sich und gar oft kam es zu bitteren Auseinandersetzungen. Und ich selbst? – Nun, wer wollte sich vor aller Öffentlichkeit selbst sezieren.

Man möge diese Erbeigenschaft des harten Sinns als gut oder schlecht bezeichnen, ohne Zweifel hat sie dazu beigetragen, Dinge in uns zu fördern, auf die unser Geschlecht stolz sein darf. Da ist in aller erster Linie der Familiensinn. Wie hat nicht jener Franz Buer schon, so kurze Zeit er im Kreis seiner Familie lebte und wirkte, für diese gesorgt, wie tat es nicht auch unser Vater. Das vorstehende Lebensbild bemühte sich, dies in besonderer Weise zu zeigen. Unser Bruder hat sich verschiedentlich, nicht nur mündlich, sondern auch schriftlich geäußert, sein schönstes Lebensziel- und Glück würde es sein, dereinst im Kreis einer selbst gegründeten Familie einen bescheidenen Platz auszufüllen, etwa ein einfacher Dorfschulmeister zu sein, im kleinen Kreis zu wirken.

Jenes goethische Sprüchlein: *Wie fruchtbar ist der kleinste Kreis, wenn man ihn wohl zu pflegen weiß* – habe ich mir seit Jahren zum Leitspruch gewählt. Könnte ich ihn nicht über unser Geschlecht schreiben? Dieses Geschlecht der Eigenwilligen, die, wenn sie fühlen, dass die Familie angegriffen wird, ihre ganze Halsstarrigkeit hervorheben und bekommen: bis hierher und nicht weiter. Nie ist es in jenem Weeser Geschlecht vorgekommen, dass man sich vor der Gewalt in feiger Weise beugte, nie ließ man seinen eigenen Willen, den man für gut und stark, weil urwüchsig und wahr hielt, von fremden Mächten unterjochen. Eher ging man zu Grunde. Unsere Art ist es, von innen heraus, vom kleinen Kreis zu wirken. Wir halten darauf, dass die Persönlichkeit sich frei entfalte, wir sind – um die elenden Fremdworte der Zeit zu gebrauchen – Individualisten, Liberalisten eines bürgerlichen Zeitalters.

Der Großvater verrichtete auf seinem Bauernhof, was er nur konnte – und es war das meiste – mit eigener Hand. Seine Klüterkammer war seine Schatzkammer. Er beugte sich auch nicht vor dem Gesetz, wenn er fühlte, dass es sein Werk zerstören wollte. Was heißt Gemeinsinn, wenn dieser Gemeinsinn ideologischer Art ist. Meine Väter waren viel zu sehr Praktiker, um vor haltlosen Ideen in den Staub zu sinken. Sie erblickten zu aller erst in dem kleinen Kreis ihrer Familie ihr Aufgaben- und Wirkungsfeld. Von hier aus sahen sie das Dorf, das Volk, den Staat. Erst waren sie selbst da, ihre Familie, dann kamen jene Leute hinter den Hügeln.[25]

Aber nicht schrankenlos war diese Anschauung, nicht selbstsüchtig im verwerflichen Sinne. Denn – und das ist eine weitere Eigenart unseres Geschlechts – sie wussten etwas von dem Gesetz, das in uns ruht. Der Gerechtigkeitssinn, die Wahrheitsliebe erfüllte ihr Denken und Tun. Das Unrecht war ihnen verhasst. Oft auch verfolgten sie es in übertriebener Form. Sie wiesen es barsch von ihrer Tür und sahen nicht, dass das Unrecht oft auch Recht sein kann.

Zu all diesem gesellt sich dann ein eigenes Innenleben. Ja, dieses Innenleben gibt mir gar oft zu denken. Es ist jene in unveränderter Art durch die Generationen hindurchgehende Neigung,

---

[25] Diese Sätze schrieb Theodor Andresen 1935 während des Nationalsozialismus, der die „Volksgemeinschaft" unter einem Führer verherrlichte. Er selbst kam auf die Liste der Gestapo in Flensburg.

sich selbst und über sein Tun Rechenschaft abzulegen, ist jenes Sinnen und Grübeln, das gar oft gegen die Umwelt abstoßend wirkt, weil es vielfach in Verschlossenheit endet, aus welcher Sackgasse wir dann nicht mehr herauskommen. Wir nehmen wohl die Dinge zu ernst, wir wollen immer tiefer schauen, klammern uns an Fragen, denen wir doch keine Antwort abringen können.

Aber diese Innerlichkeit lässt uns wieder die Wahrheit zeigen. Wir verabscheuen die lügnerische Geste. Wir sagen, wenn man uns ein Geschenk überreicht, nur einem Vielen Dank und zerfließen nicht in Dankeshymnen. Wir gehen ohne Weiteres einem Menschen, den wir nicht leiden können aus dem Wege und zeigen ihm, wenn er's nicht versteht, die kalte Schulter. Wir können achten und lieben, aber auch verabscheuen und hassen. Alles Unechte, alles Aufgeblasene, aller Redeschwall ist uns widerwärtig. Darum haben wir auch keinen Sinn für marktschreierische Reklame, für Massendemonstrationen- und Suggestionen, für Riesenfeste. Wir sehen lieber das Echte, das Edle im Kleinen, im natürlichen Ablauf.

Weil wir ein starkes Innenleben haben, ist ein tiefes Gefühl uns zu eigen. Aber ein Gefühl, welches sich mäßigt, sich beherrscht. Heroismus, Ekstase, Abenteuerlust und Schwärmerei können uns nichts anhaben. Wir erkennen wohl, dass wir Pflichten zu erfüllen haben. Aber diese Pflichten müssen auch einen Sinn haben, müssen nicht ab- und ausschweifen, indem sie sich an Ideen binden, in denen wir nichts Gutes erblicken können. Unser Gefühl ist stark religiös. Es kann die Religion, die sich wiederum auf unsere Innerlichkeit gründet, nicht entbehren.

Wohl trägt jeder Mensch das Erbe nicht nur des Vaters, sondern auch der Mutter in sich und viele Eigenschaften, die von der väterlichen Linie kamen, mögen durch die welche von der mütterlichen Seite in uns sind, an Wert und Stärke verändert sein. Hier aber gilt es, zu zeigen, wie gewisse Züge sich weiter und weiter durchs Blut einseitig vererben, wie vor allen Dingen

jener harte Sinn, jene Innerlichkeit des Gemütslebens eine Hartnäckigkeit aufweisen, dass sie dieses, unser Blut immer wieder
durchdringen und beherrschen.

Theodor Andresen (25.4.1894 – 27.1.1949).
Foto: Archiv Andresen

ANHANG

Orte der Ausbildungs- und Lehrerzeit Franz Andresens
von Dirk Meier

Wees

Der Ortsname (dän. Ves) stammt aus dem Dänischen und bedeutet *sumpfige Wiese*. Im Gemeindegebiet befindet sich auch heute noch ein Moor. Das Dorf liegt zwischen Flensburg und Glücksburg. Es gehörte im Mittelalter zur Munkbrarupharde, zwischen 1582 und 1779 zum Herzogtum Glücksburg. Die Festehufe der Familie Andresen lag im Westen des Ortskerns.
Siehe: Theodor Andresen u. Dirk Meier: Aus der Geschichte eines Bauernhofes und seiner Bewohner in Wees von 1759 bis 1875. Zeitschrift für Natur- und Landeskunde 7–9, 2016, 116–138.

Munkbrarup

Die im letzten Viertel des 12. Jahrhunderts erbaute St. Laurentiuskirche ist eine Granitquaderkirche und besaß ursprünglich eine runde Apsis, aber keinen Turm. Das Südportal ist dem Petri-Portal des Schleswiger Doms nachempfunden. Nach einem Brand wurde die Kirche 1582 wiederhergestellt. Aus der Klosterkirche des abgebrochenen Rüdeklosters wurde das mächtige Vierungskreuz nach Munkbrarup überführt. Der Renaissance-Altar in der Kirche ist einer der ältesten in Schleswig-Holstein. Die Kirche wurde 1936/37 wurde die Kirche im romanischen Stil renoviert.

Schuby

Der Ort wurde 1196 erstmals urkundlich erwähnt. Der Name stammt vom dänischen *Skovby* (Walddorf). Somit handelt es sich um ein hochmittelalterliches Rodungsdorf.

Böel

ist ein kleiner Ort nordwestlich von Süderbrarup.

Tondern

Tondern (dän. Tønder) am Rande der Geest zur Marsch an der Wiedeau war schon 1017 Hafenort belegt. Nach Klostergründungen der Dominikaner 1227 und Franziskaner 1238 erhielt Tondern 1243 Lübisches Stadtrecht und war im Mittelalter einer der wenigen Hafenplätze der schleswigschen Westküste. Aufgrund der niedrigen Lage wurde die Stadt öfter von Sturmfluten heimgesucht, so 1532 und 1593; 1615 reichte das Wasser bis an die Fenster des Schlosses, 1634 stand es drei Fuß hoch in der Kirche. Verheerend für den Ort waren wiederholte Brandkatastrophen und die verschiedenen Pestepidemien im 14., 16. und 17. Jahrhundert. Durch Eindeichung der Tondern Marsch im 16. Jahrhundert verlor die Stadt ihren Zugang zum Meer und damit einen erheblichen Teil ihrer wirtschaftlichen Bedeutung.

Bis in das 20. Jahrhundert war der Viehhandel für die nahe am westlichen Ochsenweg liegende Stadt von großer Bedeutung. Das am Rand der Handelsstadt gelegene Schloss entwickelte sich zum Verwaltungszentrum eines großen Amtes. Bei der Landesteilung von 1544 wurde Johann der Ältere von Hadersleben Landesherr, nach dessen Tod 1581 der Herzog von

Schleswig-Gottorf, bis die Teilung 1713/21 aufgehoben wurde. Im 17. Jahrhundert blühte das Spitzenklöppeln als neuer Wirtschaftszweig auf.

1788 wurde die Stadt Standort des ersten Lehrerseminars im Lande, das Franz Andresen besuchte. Im 19. Jahrhundert geriet die Stadt in den Sog des deutsch-dänischen Konflikts. Die Bürgerschaft war mehrheitlich deutsch gesinnt und schloss sich im Schleswig-Holsteinischen Krieg (1848–1851) der schleswig-holsteinischen Seite an.

Nach Wiederherstellung des dänischen Gesamtstaates behielt Tønder seine administrativen Funktionen. Die Sprachreskripte, welche die dänische Sprache trotz offizieller Gleichberechtigung gegenüber der deutschen bevorzugten, heizten den Konflikt weiter an. Nach dem Deutsch-Dänischen Krieg 1864 kam die Stadt bis 1920 zu Preußen bzw. ab 1871 zum Deutschen Reich. Sie war zwar Sitz eines Landkreises, geriet aber wirtschaftlich mehr und mehr ins Abseits. Zu Beginn des 20. Jahrhunderts war Tønder Stützpunkt für Militärluftschiffe.

Seit 1868 war Tondern mit der Hauptbahn Hamburg–Fredericia über eine Nebenbahn nach Tinglev verbunden; 1887 die Stadt Knotenpunkt an der Marschbahn von Hamburg zur dänischen Grenze und nach Esbjerg. Eine Nebenbahn führte nach Højer Sluse, Umsteigeort für Reisende nach Sylt. Nach dem Ersten Weltkrieg fiel Tønder nach der Volksabstimmung aufgrund der En-Bloc-Regel für die I. Zone an Dänemark, obwohl 77 Prozent der Stimmberechtigten für einen Verbleib beim Deutschen Reich stimmten.

Scheggerott

Scheggerott liegt etwa 7 km westlich von Kappeln in Angeln. Das Dorf wird urkundlich im Erdbuch des dänischen Königes

Waldemar 1231 erwähnt. Die dortigen Bauernhöfe unterstanden den Gütern Dollrott, Toestorf und dem Schleswiger Domkapitel. Mit dem Ende der Gutsherrschaft im 18. Jahrhundert, konnten die Bauern ihr Land in Erbpachtverträgen übernehmen. Mit der preußischen Annexion der Herzogtümer Schleswig und Holstein 1867 begann auch die Zeit der kommunalen Selbstverwaltung mit der Wahl eines Gemeindevorstehers. Die Gemeindevertretung tagte das erste Mal 1895. Einen wirtschaftlichen Aufschwung erlebte die Gemeinde 1904, als die Bahnstrecke Kappeln–Süderbrarup eröffnet wurde. Der Scheggerotter Bahnhof entwickelte sich zu einem regional wichtigen Umschlagplatz für landwirtschaftliche Güter. Im Mai 1972 wurde der Personenverkehr allerdings eingestellt. 1969 trat Scheggerott dem Schulverband Süderbrarup bei. Damit endete die Geschichte der Schule im Ort, die seit 182 Jahren nachweisbar ist.

Ulsnis

Der Name der waldreichen Gemeinde Ulsnis (dänisch: *Ulsnæs*) in Angeln am Gunnebyer Noor an der Schlei findet erstmals Erwähnung als *Vlfsnees* (Ableitung aus dem dänischen *Ulf* für „Wolf" und dem dänischen *Näs*, was „Nis", was „Nase" oder „Landvorsprung oder -spitze" bedeutet).

Die heutigen Ortsteile Ulsnis, Hestoft, Kius und zwei Höfe aus Gunneby gehörten nach 1509 zur Vogtei Ulsnis. Diese unterstand dem Domkapitel in Schleswig. Der Schleswiger Bischof hatte diese Ländereien mit den Bauernstellen 1504 vom letzten nichtkirchlichen Eigentümer des Edelhofes *Hesselgaard* gekauft. Davor waren die Einwohner Untertanen der dortigen Herren. Die schriftlich fassbare Ortsgeschichte dokumentieren seit 1561 Rechnungsbücher. Das Domkapitel wurde 1770 aufgelöst, und im Rahmen der Feldreformen erhielten ortsansässige Hufner und Kätner eigene Parzellen einschließlich der Anteile an Waldflächen zugeteilt.

Nachdem Schleswig-Holstein nach dem Deutsch-Dänischen Krieg 1866 preußische Provinz geworden war, traten anstelle der alten dänischen Harden Landkreise und kleinere Ämter. Die Gemeinden Steinfeld, Kius (mit Gunneby) und Ulsnis (mit Hestoft) gehörten nun zum Amt Ulsnis, das erst 1970 dem neu gebildeten Amt Süderbrarup zugeordnet wurde. Kius wurde 1973 mit Ulsnis zusammengelegt.

Das weit auseinander gezogene Dorfbild von Ulsnis zwischen Ulsnis-Kirchenholz, um das ehemalige Schulgebäude herum über den Gallberg bis hin nach Ulsnishöh (Richtung Hestoft) prägen traditionell verstreut liegende Bauernhöfe. An der Schlei bildet Ulsnis-Strand einen weiteren Ortsteil.

Die Kirche von Ulsnis

Die auf einer Moränenkuppe nahe der Schlei errichtete St. Wilhadus Kirche wurde 1338 geweiht. Deren ältester Teil bildet ein 13,3 m langer und 6,5 m breiter romanischer Feldsteinbau mit rheinischem Tuffstein aus der Mitte des 12. Jahrhunderts. Um 1200 n. Chr. erfolgte nach Westen eine 7,4 m lange Erweiterung mit bis zu 1 m dicken Mauern, ein weiterer Ausbau nach Osten kam 1796 hinzu. Dadurch erhielt die Kirche eine Größe, wie sie sonst nur größere romanischen Kirchen in Angeln, soo Munkbrarup oder Sörup, erreichen. Ob an der Erweiterung die Besitzer einer nahen, nicht vor dem 13. Jahrhundert errichteten kleinen Motte, zu der ein Wirtschaftshof im heutigen Pastoratsgarten gehörte, beteiligt waren, wäre denkbar.

Wer sich zu Christus bekennen wollte, betrat die Kirche durch das Nordtor, wurde am Taufbecken, das ursprünglich zwischen den Portalen stand, getauft und trat durch das mit einem *Tympanon* (geschmücktes Bogenfeld) verzierte Südtor hinaus. Diese besteht in Ulsnis aus kostbarem, schwarzem, rheinischem Tuffstein. Während bei den meisten Tympana über Südtoren in Angeln der die Kirche begründende Christus dargestellt ist, indem er Petrus den Schlüssel und Paulus das Buch übergibt, begegnet uns in Ulsnis eine Variante: Der Betrachter wird mit dem zweiten großen Sündenfall und seiner Überwindung konfrontiert, mit der Geschichte von Kain und Abel. In der Mitte sitzt der segnende Christus mit der Bibel. Links von Christus steht der Brudermörder Kain mit einem Ährenbündel, von hinten greift ihn als Untier der Teufel. Zur rechten Seite von Christus steht Abel, der ein Lamm trägt. Dieses Motiv ergänzen zwei Löwendarstellungen als ehemaligen Portalsteinen. Über einem demütig sich neigenden Mann erhebt sich ein Löwe. Wer Gottvertrauen hat, so die Bildaussage, dem kann das Böse nichts anhaben. Darunter befindet sich ein Lindwurm. Der zweite Löwe gegenüber beißt in den Leib eines Menschen, der ihm sein Schwert in den Rachen stößt. Die ungleichgewichtigen Darstellungen deuten darauf hin, dass das Portal umgebaut oder das Tympanon gar nicht für Ulsnis geplant war.

Die Reliefquader an der Nordostecke des Chores, die erst 1796 hierher versetzt wurden, zeigen ein eng umschlungenes, bekleidetes Paar, die Adam und Eva nach der Vertreibung aus dem Paradies versinnbildlichen. Die uns heute fremde Bildsprache des 12./13. Jahrhunderts war dem mittelalterlichen Menschen leicht begreiflich, wurden ihm doch so die Sündhaftigkeit des Menschen und die Überwindung des Bösen durch Jesus Christus deutlich vor Augen geführt. Eva ist daher als Frau und Schlange zugleich, somit auch als Symbol der Verführung dargestellt. Das Paar ist nach dem Sündenfall bekleidet, fürchtet sich und sucht Schutz beieinander. Nur durch das Bekenntnis zu Christus lässt sich der Sündenfall überwinden. Dazu bedarf es der Taufe. An der Südwand des Chores befindet sich ein weiterer Eckquader mit einer tanzenden Frauengestalt, wohl die sündhafte Salome. Ob daneben Maria sich herabbeugt und ihr geöffnetes Haar der Sünderin anbietet, wäre denkbar. Vielleicht war dieser Stein ursprünglich als linker Portalstein vorgesehen.

Die Löwenreliefs von Ulsnis gehören in den Umkreis früherer Domportale, wie sie auch in der Gestaltung von Simons Löwenkampf an den Kirchen von Sörup (Nordportal) und Munkbrarup vertreten sind. Das Tier spielt in der Phantasie des mittelalterlichen Menschen eine besondere Rolle. Die Tierplastik des 12. Jahrhunderts schmückt vor allem Portale, welche die von bösen Mächten bedrohte Außenwelt vom geweihten Kircheninnenraum trennen. Solche Bauplastiken, wie auch die Bestiendarstellungen in Norderbraup oder Löwentaufen in Munkbrarup, mögen von der Mitte des 12. Jahrhunderts bis um 1200 entstanden sein. Die ehemaligen Portallöwen stehen in der Tradition entsprechender ikonografischer Darstellungen aus der Lombardei und Unteritalien. Lombardische Handwerker durchzogen aber auch Mitteleuropa. Der Munkbraruper Löwenkampf auf dem Taufstein dürfte von einem Einheimischen aus dem Granit gemeißelt worden sein. 1850 erfolgte die Dacheindeckung mit Schindeln.

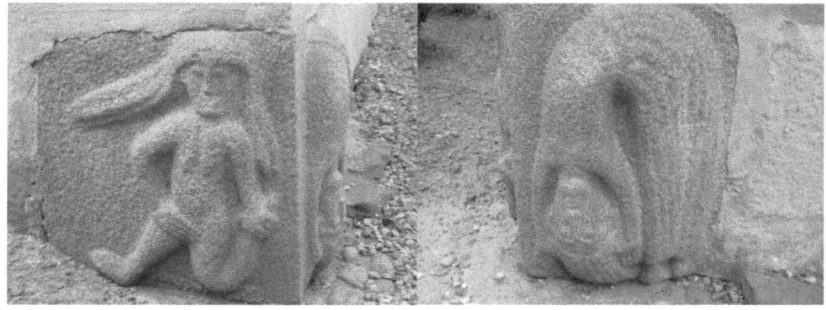

Reliefquader an der Kirche von Ulsnis. Foto: Dirk Meier

Reliefquader an der Kirche von Ulsnis. Foto: Dirk Meier

Der Friedhof von Ulsnis

Die Anlage von Kirche und Friedhof bilden ein Rechteck, umge-
ben von einem Steinwall mit Eichen, Alleen sowie baumumstan-
denen Vorplätzen im Osten und Südwesten. Das backsteinerne

Tor mit Wagen- und Gangpforte wurde 1716 errichtet, ein ähnliches im Südwesten 1772.

Der Glockenturm von Ulsnis

Der Glockenturm mit seinen drei Glocken wurde wohl im 16. Jahrhundert auf einem bronzezeitlichen Grabhügel errichtet. Von 1569 ist eine erste Glockenrechnung überliefert. Am Turm stellte man 1815 Bänke auf. Der Steinwall am Glockenturm entstand von 1853 bis 1857. Auf der Tafel für die Gefallenen des Ersten Weltkrieges ist auch Nikolaus Andresen, ältester Sohn von Franz Andresen, verzeichnet.

Der Glockenturm von Ulsnis und Denkmal für die Gefallenen des Ersten und Zweiten Weltkrieges mit Inschrift von Nikolaus Andresen. Foto: Dirk Meier

Die Schule in Ulsnis

Das Schulgebäude in Ulsnis wurde um 1848 errichtet. Den Bau mit seinen beiden Klassen und Privaträumen für die Lehrerfamilie hat Theodor Andresen ausführlich beschrieben. Die alte Schule ist heute als evangelischer Kindergarten umgebaut und wird von der Kirche verwaltet. Die Dachgaube an der Hofseite gehörte ebenso wie ein Anbau nicht zum Ursprungsbau, auch die Lage der Türen ist verändert. Das ehemals reetgedeckte Nebengebäude ist ebenfalls völlig umgebaut. Die Fotos zeigen den Zustand 2002, rechts waren die beiden Schulklassen, links die Lehrerwohnung. Der mittlere Eingang existiert nicht mehr, dafür befand sich in den 1990ern in der ehemaligen besten Stube meiner Urgroßeltern die Post.

Vorderseite der Schule von Ulsnis. Foto: Dirk Meier

LITERATURVERZEICHNIS

Quellen aus dem Familienarchiv Andresen

Das Familienarchiv der bis in das 17. Jahrhundert zurückreichenden Weeser Hufnerfamilie Andresen mit Schriften, Briefen, Urkunden, Fotos und Skizzenbüchern wurde von meinem Großvater Theodor Andresen (1894–1949) begründet, kam danach zu seiner Schwester Anna Andresen und wird seit ihrem Tod 1975 von mir weitergeführt. Aus dem Archiv wurden folgende Schriften verwendet:

Andresen, Franz 1891: Erinnerungen an unsere heimgegangene, teure Tochter Theodora Catharine, geb. den 27. Juli 1882, gest. den 22. Nov. 1891. Aufgezeichnet von ihrem Vater Franz Andresen, Lehrer in Ulsnis. Von Kurrentschrift in lateinische Schrift übertragen von seiner Enkelin Karen Andresen, verh. Meier, während ihrer unheilbaren Krebserkrankung im Februar 2011 (Flensburg 2011).

Andresen, Theodor 1929: Das bunte Buch, geschrieben von Theo Andresen (Flensburg 1929).

Andresen, Theodor 1932: Dem Gedächtnis meines Bruders Nikolaus Andresen 1884–1915 (Flensburg 1932).[26]

Andresen, Theodor 1935: Dem Gedächtnis meiner Eltern (Flensburg 1935, neu herausgegeben von Dirk Meier, Flensburg 2010)

Andresen, Theodor 1935–1936: Die Familie Andresen, Bd. 1 u. 2 (Flensburg 1935), Bd. 3 (Flensburg 1936). Neu gefasst von Dirk Meier (Flensburg ²2010).

---

[26] Das Original ist im Besitz meines jüngeren Bruders Frank Meier. Ich habe eine digitalisierte Abschrift für das Archiv Andersen angefertigt.

Andresen, Theodor 1935: Das Leben des Lehrers Franz Andresen. Dem Gedächtnis meiner Eltern (Flensburg 1935, neu. herausgegeben von seinem Enkel Dirk Meier (Flensburg 2010).

Andresen, Theodor 1937: Mein Leben. Tage der Kindheit. Eine Darstellung nach einem Manuskript begonnen im Jahre 1921 – handgeschrieben von mir selbst im Jahre 1936 und 37. [in gotischer Kunstschrift]. Herausgegeben von seinem Enkel Dirk Meier (Flensburg 2010).

Andresen, Theodor 1938: Die Kriegsbriefe meines gefallenen Bruders (Flensburg 1938) [in gotischer Kunstschrift]. Herausgegeben u. ergänzt von Dirk Meier (Flensburg 2010).

Andresen, Theodor 1938: Meine Kriegserlebnisse 1914/15 selbst verfaßt und geschrieben, Th. Andresen, Flensburg 1938. [in gotischer Kunstschrift]. Herausgegeben von Dirk Meier (Flensburg 2010).

Literatur

Andresen, Nikolaus: Eine Biographie aus der Kaiserzeit. Schriften aus dem Familienarchiv Andresen 1 (Tredition/Hamburg 2019).

Andresen, Theodor u. Meier, Dirk 2015: Die Kriegsbriefe des Leutnants Nikolaus Andresen. Natur- und Landeskunde, Zeitschrift für Schleswig-Holstein, Hamburg und Mecklenburg, Heft 7–8, 2015, 129–149.

Andresen, Theodor u. Meier, Dirk 2016: Aus der Geschichte eines Bauernhofes und seiner Bewohner in Wees von 1759 bis 1875. Natur- und Landeskunde, Zeitschrift für Schleswig-Holstein, Hamburg und Mecklenburg, Heft 7–8, 2016, 116–137.

Andresen, Theodor u. Meier, Dirk 2017: Franz Andresen, ein Dorfschullehrer und Organist in Angeln zwischen 1874 und 1913. Natur- und Landeskunde, Zeitschrift für Schleswig-Holstein, Hamburg und Mecklenburg, Heft 10, 2017, 173–189.

AUTOREN

Theodor-Franz Andresen

geb. am 25. April 1894 in Ulnis, gest. am 27. Januar 1949 in Flensburg, besuchte nach der Volksschule in Ulsnis bei seinem Vater Franz Andresen die Domschule in Schleswig und seit 1910 die Oberrealschule in Flensburg, wo er Ostern 1914 die Reifeprüfung bestand. Eine anschließende Ausbildung an der Kunstgewerbeschule in Flensburg musste er aufgrund des Ersten Weltkrieges abbrechen. Nach der Grundausbildung im Lager Döberitz bei Berlin machte Theodor Andresen die Schlacht bei den Masurischen Seen 1915 mit, wo ihm teilweise Hände und Füße erfroren. Am 1. Januar 1916 begann er eine Ausbildung als Kaufmann, war später Prokurist bei der Rum-Firma H. Kiesel (Klepper) und arbeitete dann bei der Industrie und Handelskammer in Flensburg. 1922 heiratete er Metta Marie Rick. 1925 kam meine Mutter Karen, 1931 mein Patenonkel Helge zur Welt. Er begründete das Familienarchiv Andresen.

Dirk Meier

geb. am 1. Oktober 1959 als Sohn von Karen Andresen, verh. Meier, ältester Enkel von Theodor Andresen. Dirk Meier studierte nach seinem Abitur an der Auguste-Viktoria-Schule in Flensburg Ur- und Frühgeschichte, Geologie, Ethnologie und Volkskunde an den Universitäten Köln und Kiel. An der Christian-Albrechts-Universität zu Kiel promovierte er 1988 und habilitierte sich 1998 dort über eigene Forschungen an der schleswig-holsteinischen Nordseeküste. Von ihm stammen zahlreiche Bücher zur schleswig-holsteinischen Landschafts-, Kultur- und Landesgeschichte. Seit 1975 leitet er das Familienarchiv Andresen.
Internet: www.kuestenarchaeologie.de
Email: Dr.Dirk.Meier@gmail.com

Theodor Andresen (1894–1949) verfasste 1935 ein Lebensbild seines Vaters, des Lehrers und Organisten Franz Andresen (1856–1921). In diesem beschreibt er dessen Kindheit auf dem elterlichen Bauernhof in Wees in Angeln, seine Ausbildung auf dem Lehrerseminar im nordschleswigschen Tondern sowie sein anschließendes Wirken als Lehrer in mehreren Dörfern Angelns. In Tondern lernte er Anna Petersen, die Tochter seiner dänisch gesonnenen Quartiersleute kennen, und heirate diese 1881. Von 1888 bis 1913 war er erster Lehrer und Organist in Ulsnis. Mit seiner Frau hatte er mehrere Kinder, darunter den 1915 im Ersten Weltkrieg gefallenen Sohn Nikolaus, dessen Biographie in der gleichen Buchreihe erschien ist. Von Dirk Meier dieses Buch mit Federzeichnungen von Theodor Andresen sowie Fotos aus dem Familienarchiv Andresen ergänzt. Der lebendige Schreibstil von Theodor Andresen lässt den Leser eintauchen in die ländliche Welt des 19. und frühen 20. Jahrhunderts, zwischen deutsch und dänisch sowie den Dorfalltag im Ulsnis der Kaiserzeit.

SCHRIFTEN AUS DEM FAMILIENARCHIV ANDRESEN HERAUSGEBEN VON DIRK MEIER

Diese Buchreihe bei tredition (Hamburg) dient der Edition der Schriften meines Großvaters Theodor Andresen (1894–1949), die bereits von mir in digitalen Abschriften und Kopien im Familienarchiv vorliegen. Die Bücher sind als Hardcover, Paperback und e-book verfügbar.

Bd. 1   Nikolaus Andresen. Eine Biographie aus der Kaiserzeit (tredition/Hamburg 2019)

Bd. 2   Franz Andresen. Ein Lehrer der Kaiserzeit in Angeln (tredition/Hamburg 2019)

Weitere Bände in Vorbereitung

Nikolaus Andresen
Eine Biographie aus der Kaiserzeit
Herausgegeben von Dirk Meier

 tredition®

Zeitfracht Medien GmbH
Ferdinand-Jühlke-Straße 7
99095 Erfurt, Deutschland
produktsicherheit@kolibri360.de